月30時間の自由を生み出す仕事術

教員の生産性向上《タイムパフォーマンス》の教科書

学校でも会社でも教えてくれない働き方のキホン

古賀 禄太郎

アメージング出版

はじめに

「やることが多すぎて仕事が終わらない」

「もっと教材研究や生徒と向き合う時間が欲しい」

「土日も仕事でわが子と触れ合う暇もない」

「さまざまな時短術を試したが、大した効果は得られなかった」

「正直、行政や学校の働き方改革に期待が持てない」


そんな悩みや不満を抱えていませんか？

もし一つでも当てはまるものがあれば、その問題を解決する方法が見つかるはずです。

本書は「月30時間の自由を生み出す仕事術」を解説しています。ここでの仕事術は、社会人の基本スキルでもあるため、生産性を向上させたい人であれば、誰でも役立ててもらえる内容となっています。

あなたは、定時退勤ができるのは一部の優秀な人だけだと思っていませんか？

決してそんなことはありません。その証拠に、優秀とは無縁の私がこの仕事術によって公私ともに充実した生活を送り、こうして執筆の機会まで頂くことができました。

教員の世界には、出版やＳＮＳなどで様々な情報を発信し、定時退勤を実現している優秀な先生がいます。しかし、私自身は優秀とは無縁の平凡な教員です。

出席が足りず、卒業すら危ぶまれた高校・大学時代を思えば、平凡どころか学力面ではハンデを背負っていると言った方がいいかも知れません。

そんな私でも、次のような経験を得ることができたのは、サラリーマン時代に「仕事術」と出会い、時間を生み出すための研究を続けてきたからです。

- フルタイム勤務しながら通信制大学にて教員免許を取得
- 教員として月70時間以上の残業時間の削減
- 年間のインプットは読書70冊以上、セミナー受講50回以上
- 県教委指定の授業の専門家としてメディア取材や県外からの視察

私は、社会人のキャリアを旅行会社でスタートさせました。一部上場と言えば聞こえはいいですが、その働き方は教員と同じかそれ以上に過酷で、会社からはムダを省いた効率的・効果的な働き方を求められました。

上司や先輩からは「本来業務（利益につながる業務）」に注力する働き方を徹底的に叩き込まれ、それが私の「仕事術」の基盤となりました。

教員となった今、合理性の観点から見れば、学校の文化にはまだまだムダがあるように思います。しかし一方で、子どもの成長に携わる以上、「丁寧さ」や「きめ細やかさ」など、効率では測ることのできない学校独自の文化も尊重しなければなりません。

私は、企業と学校、両者の「文化」を知る者として、本書では「効率」と「丁寧さ」を両立する働き方をお伝えしたいと思います。

生産性向上で得られる未来

本書では、長時間労働に苦しむ教員に向けて「月30時間（≒1日1・5時間×22日）の自由を生み出す仕事術」を解説しています。1日1・5時間の時短といえば、18時半退勤の人は定時退勤ができ、定時退勤の人は月4回の年休が取れる計算です。

月30時間の自由を手にしたら、あなたはその時間で何をしたいですか？

それだけの時間があれば教員としての力量を高めるだけでなく、読者やスポーツ、家族との時間など、人生を豊かにするために時間を使うことができます。

しかし、現実には教員の仕事は過酷です。自由を得るどころか、仕事の持ち帰りも多く、愛知教育大学が実施した調査では、「仕事に追われて生活にゆとりがない」と答えている教員が小学校・中学校ともに75％を超えています。

こうした心身ともに追い詰められた状況では、よい授業をするどころか、悩みを抱える生徒の表情に気づくことすら困難でしょう。

なぜ働き方改革は進まないのか

マスコミ報道や「教師バトン」によって、現場の窮状が社会的に認知されつつあるのに、なぜ教員の働き方は改善しないのでしょうか。

教員の長時間労働を是正するためには、次のようなそれぞれの立場からの取組みが欠かせません。

1　行政によるリソース（人・モノ・カネ）の拡充
2　学校内の業務改善および業務削減
3　教員の生産性向上（スキルアップや効率化）

しかし、残念ながら1と2を期待することは難しいのが実情です。

元文科省次官の前川氏が「文科省は財務省に100戦100敗」と言うほど、財務省への予算要求はことごとく拒まれ、マネジメントに光が当たらなかった学校には、業務改善のノウハウが不足しています。

さらに、働き方改革の主導的立場の管理職（副校長・教頭）が、もっとも多忙で改革の余裕がない、業務削減に対する教員や保護者の理解が得られない、といった問題も抱えています。

そのため、結局は教員個人がスキルアップしたり、業務を効率化したりして自己防衛に努める以外に長時間労働から抜け出す術がないのです。

「時短術」が教員の時短につながらない理由

これまで各界の第一線で活躍しているビジネスパーソンや、さまざまな工夫で効率化を実践している教員の「時短術」が紹介されてきました。

私の身近にもそうした本を参考に働き方を見直した教員が何人もいます。しかし、学校ではいまだに長時間労働に改善の兆しが見えず、生産性の低い働き方も根強いままです。

ビジネスメソッドの時短術が教員の長時間労働を改善できなかった最大の理由は、学校と企業の仕組み・文化の違いから、その実践に一定のハードルが存在したことです。

一方、教員対象の時短術は、ナレッジ（知識・情報）の共有であることが多く、「実践事例を使える人が使う」テクニック集のようなものでした。

しかし、多忙な人が時短を学び続ける構造は持続的でなく、時短術が自身の働き方に合わなければ、成果（削減した時間）より学ぶコストの方が大きくなってしまいます（ナレッジの共有自体は重要なことだと思います）。

また、時短術を使える場面が「要録の作成」「テストの採点」のように、限定的で汎用性が低かったことも成果が頭打ちであった理由の一つでしょう。

生産性向上の最適解

したがって、教員の長時間労働を改善するためには、次の発想が必要になります。

・ビジネスメソッドの時短術を教員用に最適化し
・汎用性の高いスキルを習得することで
・レバレッジによって多くの時間を生み出す

学校という枠組みの中で、新しいアイディアを生み出すのは容易ではありません。しかし、ビジネスメソッドにはその道の専門家によって打ち立てられた時短の知恵があります。

また、スキルやノウハウの習得は、ナレッジ（知識・情報）の共有に比べて時間がかかりますが、一度身に付けたスキルは「複利」で時間を生み続けます。

「分かる」を「できる」に変えることは、生涯に渡ってあなたの身を助けるのです。

本書は、レバレッジの高い6つのスキル（スケジュール管理・todo リスト・整理術・集中法・メール術・ICT活用）を精選し、再現性の高いものだけを体系的にまとめました。

私が実際に使用している様式やツールを示し、その活用方法もステップ・バイ・ステップで解説したので、ダウンロード後すぐに実践して頂くことが可能です。

その意味で、本書は「知って得する」いわゆる「時短術」の本ではありません。実践して身に付ける「仕事術」の教科書なのです。

担任に相談できない生徒

今でこそ「ビジネスメソッドと学校文化の融合」が、働き方の最適解であると考えていますが、その結論に至るまでは失敗の連続でした。

教員になってからというもの、慣れない授業や部活、煩雑な事務作業に追われ、長時間労働が常態化し、職員室では「21時には帰ろう」が合言葉でした。会議や打合せがあまりに多く、紙文化の連絡やボトムアップの意思決定にも非効率さを感じていました。

毎月の残業時間が100時間を優に超え、心身ともに追い詰められる中、生徒に言われた言葉が今でも忘れられません。


「先生に相談したかったけど、忙しそうだったから話しかけられませんでした」

子どもが教員に遠慮して相談できないとしたら何のための教員でしょうか。私は自らの働き方を反省しました。「もっと効率よく働いて、生徒とかかわる時間を作ろう」。そう思った時に頭をよぎったのがサラリーマン時代の仕事術でした。

転職を経験し、異なる文化の中で顧みることがなかった仕事術でしたが、「本来業務に注力するための効率化」という発想は民間でも教員でも同じです。

そうであれば、事務作業や雑務を効率化することで、教材研究や生徒対応などの時間を確保できるのではないか。私は、タイムマネジメントや生産性向上のビジネス書を読みあさり、いくつものセミナーを受講しては、学校で実践しました。

しかし、何をやっても上手くいきません。かえって仕事や人間関係をこじらせることもしばしばで、「だから中途（採用）は使えねえんだよ」と吐き捨てられたこともあります。

失敗の原因は、ビジネスメソッドをそのまま学校に当てはめようとしたことでした。

いかにＩＣＴが便利でも、紙文化の学校ですべてをデジタル化することはできませんし、丁寧さを旨とする組織の中で、声高に「効率化」を叫べば、周囲と軋轢が生じます。

学校には学校の仕事の進め方があります。当時の私は、生徒との時間を作ろうとするあまり、そうした当たり前のことすら分かっていなかったのです。

こうしてトライ・アンド・エラーを繰り返すうちに、教員の文化を理解できるようになった私は、仕事術に関して一つの結論にたどり着くことができました。

それが「ビジネスメソッドと学校文化の融合」だったのです。

持続可能な教育のために

本書は、生産性の高いビジネスパーソンが実践している仕事術を、学校で再現可能な形に再構成し、90名を超える協力者から頂いた意見を基にメソッドを磨いてきました。

私は、所属校やSNSを通じて知り合った若手の先生向けにセミナーや勉強会をさせて頂く機会があります。そこでは、

「教材研究の時間を作れるようになりました！」

「フィードバックのおかげで効率的に働くコツが分かるようになりました」

「初任者研修でこういう話が聞きたかったです」

という声を頂くようになりました。

そうした体験を得て、教員の「自己犠牲を前提とした働き方」を「持続可能な働き方」に転換する力になりたいという思いが芽生え、本書の執筆に至りました。

本書を読み終える頃には、あなたもきっと生産性の高い思考と行動を身に付け、「月30時間の自由を生み出す働き方」を実践しているはずです。

さあ、これまでの働き方に別れを告げ、新しい一歩を踏み出しましょう。その一歩が持続可能な教育につながるはずです。

本書が先生方の業務改善の一助になることを心より願っております。

もくじ　／　月30時間の自由を生み出す仕事術　教員の生産性向上の教科書

はじめに　2

第1章　学校の現状と教員の働き方

教員の異常な働き方　16
教員に働き方改革が必要な3つの理由　17
【コラム】「働き方改革」関連ワード　24

第2章　なぜ教員は長時間労働になるのか？

原因①　業務量の多さ　29
原因②　学校文化（特殊性）　31
原因③　仕組み・制度上の問題　36
原因④　リソースの不足　39

原因⑤　教員の生産性の低さ　45
【コラム】未払いの残業代1兆円で長時間労働を解消する　45

第3章　教員の生産性

生産性とは何か　48
生産性の向上とは　49
労働時間を短縮しても生産性は向上しない　50
正しい労働時間の削減方法　51
コストを減らして成果も減らす　53
成果（アウトプット）を最大化する　54
なぜ「子どもの成長」を生産性の指標にしてはいけないのか　60
生産性はスキルアップを測るための「装置」　67
子どもの成長を議論する　69
【コラム】教員満足度を高めて教育サービスを向上させる　70

第4章　月30時間の自由を生み出す段取り術

働き方の2つのタイプ「業務ベース型」or「時間ベース型」　74

段取り力を身に付ける　78
優先順位を考える　88
時間管理マトリクスの盲点　95
優先順位のマイルール　102
ビッグロックの法則　103
アイビー・リー・メソッド　107
【コラム】　ＰＤＣＡサイクルよりＯＯＤＡループを回せ　113

第５章　月30時間の自由を生み出す時短スキル６選

スキルⅠ　生産性向上のスケジュール管理　116
スケジュールは年間・月間・デイリーの３つの視点で管理する　119
生産性向上のスケジューリングのコツ　131
予定は狂うことを前提にスケジュールを組む　137
スキルⅡ　効率を最大化させるtodoリスト　142
todoリストの活用方法　147
スキルⅢ　ムダ時間を省く整理術　154
機能性を追求するゾーニング　159
ストレスフリーの書類管理　162

フォルダ管理　168
スキルⅣ　フロー状態を維持する集中法　172
スキルⅤ　仕組み化メール術　181
メールの二大問題とは　184
スキルⅥ　ICT活用（学校版10X）　198
【図説】タスク管理フローチャート　204

第6章　学校組織の生産性

ビジョン型経営で業務改善を推進する　206
会議とボトムアップ型の意思決定　208
期待値を超えすぎてはいけない　210
成果の絶対値（質×量）で評価してはいけない　214
時には自分に負荷をかける　215

あとがき　217

第1章

学校の現状と教員の働き方

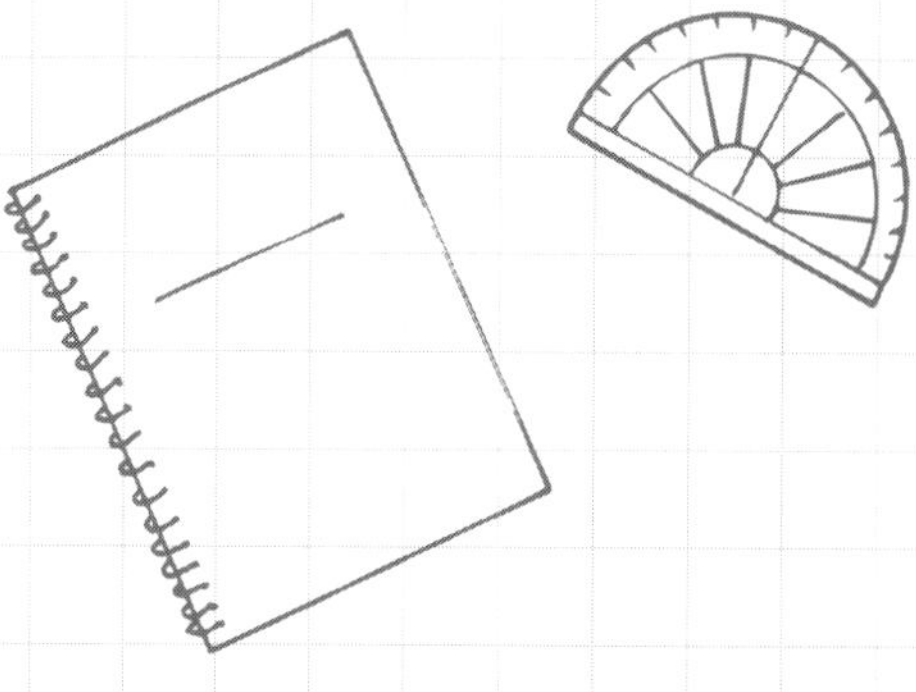

教員の異常な働き方

「定額働かせ放題」「膀胱炎が職業病」「部活未亡人」。教員のブラックな労働環境を表す言葉は枚挙にいとまがありません。

「教員勤務実態調査（2022）」では、過労死ライン（週60時間労働）を超える働き方をしている教員が小学校で34・2％、中学校で56・9％に上ることが明らかになりました（持ち帰り残業を含む推計値）。

この割合は、勤務医21・2％（医師の勤務環境把握に関する研究2022）や運輸業・郵便業19・3％（過労死等防止対策白書2022）など、長時間労働が顕著な他業種と比べても著しく高い水準です。

この調査結果が物語るのは、行政主導の働き方改革の限界ではないでしょうか。

文科省は、全ての校種で「在校等時間が減少」と言いますが、1日の短縮時間は前回調査（2016年）比でわずかに30分。しかも、行事や部活の大会の少ない10・11月の調査であることや、3人に1人の教員が「休憩なし」と言われる中、休憩時間を一律に45分差し引いていることを鑑みれば、在校等時間の減少も表面的と言わざるを得ません。

「労働時間（在校等時間＋持ち帰り）の平均値＝過労死ライン」という異常な教員の働き方はいまだに改善されていないのです。

教員に働き方改革が必要な3つの理由

教員の働き方改革は待ったなしにもかかわらず、その実施については当事者たる教員から反対の声が上がることもあります。そこには、働き方改革のしわ寄せによって、子どもに不利益が生じることへのためらいの気持ちがあるのだと思います。

私も教員の端くれとして、その気持ちは痛いほど分かります。しかし、このまま過労死ラインの働き方が続けば、早晩、学校教育は破綻し、不利益どころの話では済まないでしょう（本書では生徒へ還元するための仕事術を解説しています）。

ここでは「教員に働き方改革が必要な理由」について、次の3点を指摘したいと思います。

1　健康リスクの増大

２０１８年4月21日付の毎日新聞によると、教員の過労死は２０１６年までの10年間で63人にのぼっています。ただし、これは氷山の一角です。なぜなら、タイムカードによる勤怠管理を行っている学校は、２０１６年時点で20％しか存在せず、過労死を疑う事案があっても、証明の難しさから泣き寝入りするケースも相当数存在すると考えられるからです。

また、教員の精神疾患による休職も深刻です。文科省の「教育職員の精神疾患による病気休職者数（令和４年度）」によると、令和４年度の精神疾患による休職者数は６５３９人で過去最多となっています。

これとは別に、精神的な病気を理由に年休などで1か月以上休んでいる教員も5653人おり、合計すると1万2192人にのぼります。

なぜ教員はこれほど追い込まれてしまっているのでしょうか。

その背景には、「長時間の過密労働」「過度な要求をしてくる保護者への対応」「休日返上の部活動指導」「学級崩壊やコロナ禍など新たな問題の発生」「発達障害など個別のケアが必要な子どもの増加」「若手教員に対するサポートの脆弱性」などがあるとされています。

しかし、これらを並列に論じるだけでは問題の本質は見えてきません。なぜなら、こうした困難な状況は、単独でなく同時進行で起こるものだからです。

仕事の負荷は「量×質」によって評価されるものです。この点、教員は長時間労働という「量」的な側面だけでなく、「質」においても特殊な心理的負荷があります。例えば、「生徒の成長や安全に対する社会的責任」「生徒・保護者との長期間におよぶ密接なかかわり」「世間からの厳しい眼差し」などは他業種にはない独特の緊張感ではないでしょうか。

加えて、教員は「仕事」と「プライベート」の線引きが難しい職業です。子どもが問題を起こせば、休みでも飛んで駆けつけますし、クラスのことは四六時中気になります。

そうした密な付き合いを最低でも1年、長ければ3年（小学校は6年）に渡って行う心理的な負荷は、私は民間企業では経験したことがありません。

教員は、生徒のために自己犠牲をいとわない生き物です。しかし、その働き方が過労死ラインの労働を固定化させ、教員の心身を蝕んでいるとしたら、それは安全確保の観点から速やかに手を打たなければなりません。

これが教員に働き方改革が必要な第一の理由です。

2　リクルーティング（採用）の問題

第二に、人材確保が難しくなる問題です。労働環境がブラック化すると、人材確保が難しくなります。人材確保が難しくなると、学校運営に支障が出るため、当然ながら、子どもの学びの環境が悪化します。この流れを断つために働き方改革が必要なのです。

文科省の調査によると、平成12年に13・3倍だった公立学校の教員採用試験の倍率は、令和5年度（令和４年実施）には、過去最低の３・４倍まで落ち込んでいます。中でも深刻なのは小学校の倍率で、秋田県や大分県で1・3倍となっています。

教員採用試験の倍率低下の要因としては、次のようなことが指摘されています。

① 大量採用されたベテラン世代の退職に伴う採用枠の拡大
② 教員のブラック化による教職希望者の教職の敬遠
③ 人材獲得のために「働きやすさ」を追求する民間企業の人気の高まり
④ 臨時的任用職員（既卒者）の減少による受験者数の減少

①は年齢構成上の問題なので、やむを得ない事情もあります。しかし、②③は労働力不足（＝人材の奪い合い）の現代において教員の質を左右する問題です。私自身、生徒から何度「先生になりたかったけど、ブラックなので諦めます」と、聞いたか分かりません。

企業が「週休3日」や「居住地フリー」などの働きやすい環境で優秀な人材を囲い込む中、教育行政は低予算でも可能な「やりがい」をアピールするばかり。

会社選びにおいて、Z世代は福利厚生や休日の多さを重視しているのですから、彼らが教員を敬遠するのも当然です。

また、倍率低下とあいまって、教員不足（定員割れ）を起こす学校も増えています。

文科省の「教師不足に関する実態調査」によると、令和3年の始業日における教員不足数は2558人にのぼります。また、全日本教職員組合の『教育に穴があく（教職員未配置）実態調査結果(10月)について』は、令和5年10月時点で少なくとも3075人の教員不足を指摘しており、この2年間で状況が悪化していることがうかがえます。

こうした問題から、産育休・病休の代替が補充できず、特定の授業が実施できなかったり、専門外の担当者や管理職が授業を行ったりするケースもあります。また、担任を工面できず、持ち回りで対応する、病気やケガがあっても休めないなどの事態も起きています。学校が本来備えておくべき機能を発揮できていないのですから、教員採用試験の倍率低下は、子どもたちの学びの環境を確実に蝕んでいます。

「教員の働き方」の問題は、もはや「個人の働き方（ワーク・ライフ・バランス）」の問題ではなく、学校教育の持続可能性を揺るがす社会問題なのです。

3　子どもへの不利益

第三に、教員の長時間労働が子どもに不利益を与える問題です。教員が「子どものために頑張りすぎると、かえって子どもの不利益になる」と聞いたら、どう思うでしょうか。「先生が熱心なら子どもにとってもプラスでは？」と考える人も多いと思います。教員が子どものために力を尽くすのは当然です。しかし、いくら子どものためとはいえ、教員が無理な働き方をしていたら、本当の意味での子どものためになりません。

ここでは、教員の長時間労働・過重労働が、子どもに与える不利益について、代表的なものを挙げてみたいと思います。

授業の質の低下

教員の多忙化は、授業の質を低下させます。雑務で時間が圧迫されると、もっとも大切な授業を工夫したり、分かりやすくしたりする時間を削らざるを得ないからです。

これまで学校は、業務過多（相対的なリソース不足）の状態を、残業や持ち帰り仕事など教員の無償労働でなんとか補ってきましたが、それにも限界はあるでしょう。

愛知教育大「教員の仕事と意識に関する調査（２０１５）」によると、教員の悩みや不安として「授業の準備をする時間が足りない」との回答が、「小学校94・５％」「中学校84・４％」「高校77・８％」にのぼっています。

また、よい授業のためには、インプットや自己研鑽の時間が不可欠ですが、長時間労働によって「帰って寝るだけ」の生活を強いられている教員も少なくありません。

授業準備の時間が工面できず、自己研鑽もできないならば、授業の質は下がり、子どもの学習定着率も低下するでしょう。

これでは、文科省の目指す「主体的・対話的で深い学び」や「ＩＣＴ活用」「個別最適」といった学びはますます遠のいてしまいます。これを裏付けるように、「教員の仕事と意識に関する調査（２０１５）」では、「義務教育段階の学習内容が定着していない生徒が多い」と感じる高校教員が79・２％にのぼってます。

教員が抱える「授業の準備をする時間が足りない」という悩みは、現実問題として子どもたちの学習の定着を阻害しているのです。

生徒相談の機会が失われる

教員は、常に生徒の様子に目を配っています。子どもたちの集団内での言動や、すれ違った際の表情など、さまざまな角度から情報をキャッチし、気になることがあれば声をかけ、必要に応じてフォローします。

しかし、仕事に追われてゆとりがなければ、生徒のSOSのサインにすら気づくことができないでしょう。教員の長時間労働は、子どもから必要な支援を遠ざけてしまうおそれがあるのです。

子どもに与える心的ショック

教員が不幸にも過労死や精神疾患になってしまったら、関わりのあった子どもたちのショックはどれほどのものでしょうか。

神奈川新聞の記事では、横浜市の中学校で起こった教員の過労死事件について、このように紹介しています。

> 工藤義男先生の葬儀には、延べ2千人が参列した。当日は、最寄り駅の改札から徒歩5分程度の葬儀場まで、会葬者の列がつながった。午後6時に始まったお通夜が終わったのは、午後10時半ごろだった。
> 「後日、夫が顧問をしていたサッカー部の生徒が尋ねてきてくれた。彼らが、僕らのせいだって泣くんですよ。夫は部活が大好きで、『いくら疲れていてもあいつらの顔見ると元気が出る』って。でも最後となった練習では、夫は木陰から立ち上がれなかったらしい。生徒たち

は、そんな姿を心配していたらしくて」

妻の祥子さんは、泣きながら「あなたたちのせいじゃないよ」「あなたたちが夫の生きがいだったんだよ」と言い聞かせた。

出典：【先生の明日】（上）熱血教師は40歳で死んだ　カナコロ（神奈川新聞）

きっと多くの生徒から慕われる先生だったのでしょう。だからこそ、先生もその気持ちに応え、熱心に指導されてきたのだと思います。

亡くなられたご本人の無念さ、ご遺族のやり切れなさを思うと言葉もありません。

「子どものため」に頑張るのが教師の本分ですが、だからこそブレーキをかけることも必要なのです。このような悲しい事件は、もう二度と起こしてはいけないと思います。

【コラム】「働き方改革」関連ワード

日本社会では「働き方改革」がすすめられています。学校におけるタイムカードや留守番電話の導入、「学校閉庁日」の設定、行事の精選などはその流れによるものです。ここでは、働き方改革に関連するキーワードについて整理しておきましょう。

① 働き方改革

働きやすい環境を作るための取組み。労働者不足を背景に、長時間労働の是正や働き方のダイバーシティ化を進めることで、女性や高齢者なども安心して働ける「一億総活躍社会」の実現を目指している。

② 業務改善

業務の削減・組み換え・効率化などによって、生産性を高めたり、仕事をしやすい環境に作り変えたりしてゆくこと。リソース（人・モノ・カネ）の配分を見直すことも業務改善の一環であり、一般的にはマネジメントの範疇と考えられる。

③ 生産性

「投入量」に対する「成果」の度合い。「生産性＝アウトプット／インプット」で算出する。働き方改革では「労働生産性（成果／労働量）」を主な指標とするが、その中でも、本書は「時間あたりの生産性（タイムパフォーマンス）」にフォーカスしている。

④ 時短

ＩＣＴ活用や処理能力の向上、効率化などによって作業時間を短縮すること。本書では、事務作業を時短し、本来業務に注力するためのテクニックを紹介する。（第４・５章）

第2章

なぜ教員は長時間労働になるのか？

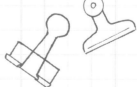

教員の働き方は、そもそもなぜ「過労死ライン」がデフォルトとなるほど長時間労働となっているのでしょうか。これは、学校の組織や風土にかかわる複雑な問題ですが、突きつめると「リソースに対して業務量が多すぎる」というシンプルな理由に行き着きます。

学校には、人・モノ・カネ（リソース）に制限があるにもかかわらず、「あれもこれも」と業務を増やし、仕事の質にもこだわって来ました。量的に際限がなく、質的にも上限がないのですから、その掛け算によって長時間労働化するのは当然です（図参照）。

この章では、長時間労働の原因を以下の5つの観点で整理しました。

1 業務量の多さ
2 学校文化（特殊性）
3 仕組み・制度上の問題
4 リソースの不足
5 教員の生産性の低さ

これらは相互に関連しており、因果関係にあるものやカテゴリーが重複するものもありますが、それぞれの観点から掘り下げていきたいと思います。

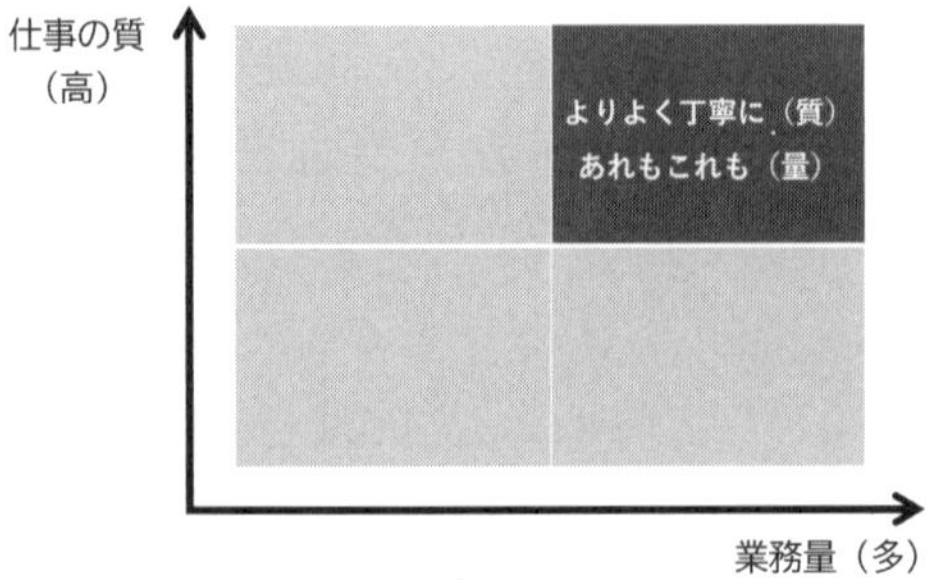

あれもこれも×よりよく丁寧にマトリクス

原因①　業務量の多さ

量的観点から教員の長時間労働の原因を見ていきましょう。

●業務の肥大化

業務量が増える最大の原因は、教員の仕事に終わりがないことです。教室の掲示物・提出物へのコメント・登下校指導・あいさつ運動など、子どものためにできることは無数にあり、際限がありません。授業準備の時間もないのに、周辺業務が拡大しているのは、子どもとの多様なかかわりが成長につながる、と教員自身が信じているからです。

そして基本的には、保護者もそうした教師像を理想とするのだと思います。教員が子どものためにできることを考え、保護者もそれを期待するのですから、業務は肥大化する一方です。学校には、子どものために「あれもこれも」と仕事を増やす、いわゆる「ビルド&ビルド」の構造が横たわっているのです。

●一度始めたことはやめられない体質

仕事が増えても、業務量をコントロールできれば、教員の労働問題がこれほど深刻化することはなかったでしょう。しかし、学校では一度始めたことをやめるのは非常に困難です。

その理由は、どの教育活動にも一定の意義があり、意義を感じている立場からすれば、業務削減は教育の質の低下と同義だからです。働き方改革の必要性は理解しながら、業務削減に対して、教員の中から反対の声が上がるのはそのためです。

加えて、地域や保護者から「やめないでください」と要望が出れば、教育的ニーズの尊重を旨とする近年の学校としては、継続せざるを得ないのが実情でしょう。

こうしたジレンマは、生徒の活動保証でも起こります。例えば、部活は顧問が限られているため、少人数の部活は休部の検討をしなければならないこともあります。

しかし、部員や保護者から「活動の場を奪わないでください」と声が上がれば、学校としてもなかなか踏み切ることができません。普段頑張っている生徒の姿を見ていれば尚更です。

こうして休部は先送りされ、顧問に対して部活が増えすぎた結果、一人の顧問が3つも4つも部活を掛け持ちする事態になってしまうのです。

これでは現場は疲弊する一方です。本来、教育活動を実施するか否かの判断は、学校目標や生徒のニーズと合致しているか、余剰リソースはあるか、実施することで機会損失となる本来業務はないか、などを見きわめて行う必要があります。ところが、教員はつい「子どものためになるか否か」で判断してしまうのです。教育活動は、子どものためになることを前提に存在しているのですから、「なる・ならない」で判断していたら、何一つやめることはできません。

子どもの成長を最優先としながら、リソースをどう配分すれば全体最適が得られるのか、「スクラップ&ビルド」もっと言えば、「選択と集中」によって、大局的な視点からのマネジメントが今学校には求められているのだと思います。

●作業は全員でやる

作業を全員で行うことも業務を増やす一因です。なぜなら、作業コスト（時間×人数）が増える、作業の度に自分の仕事がストップする、など全員作業には非効率な面があるからです。

学校は「なべ蓋型」と言われるように、管理職など一部を除いて職位のない横並びの組織で、仕事を全員で分担する民主的な風土があります。しかし、この文化も度を過ぎると長時間労働の原因となるため、そのことに自覚的になる必要があるのです。

人員には最適な規模があり、規模を大きくし過ぎるとムダが生じます。

逆に、分業すれば、一人あたりの業務量を小さくしたり、個性やスキルを発揮したりすることができます。同時作業によって、チームとしての生産性を高めることもできます。

人手が必要な全体業務に協力するのは当然ですが、業務分担の際は作業効率も考えた上で、プロジェクトの規模に応じた最適な人員配置を心がけたいものです。

原因②　学校文化（特殊性）

「学校の常識は世間の非常識」という言葉があります。

私は、この言葉に違和感がありますが、ボトムアップ、民主的運営、文書マナーなど、良し悪しは別にして、確かに学校には独自の文化があるように思います。

ここでは、教員の長時間労働の原因となる「学校文化」について考えてみましょう。

●目標は「よりよく」なること

まず注目したいのは「よりよく」の文化です。

学習指導要領や学校目標など、教育には「よりよく」という言葉がさかんに登場し、私たちはそれを当然のことと考えています。しかし、この言葉も使い方次第では長時間労働の一因となります。「よりよく」では、達成の基準が分からないからです。

目標には、目的の達成度を測るチェックポイントの役割があり、目標値との比較によって行動の妥当性を評価します。セールスマンであれば、業界シェアNO．1という「目的」を達成するために、売上昨対比120％などの「目標」があるわけです。

ところが、「よりよく」なることを目標にすると、どこまでやればよいのか分かりません。それは事実上「上限」がないのと同じです。

元来、子どもとのかかわりや教材研究には、ここまでで十分という線引きはなく、教員は常に学び続ける必要があります。その意味で「よりよく」の文化は、この先も学校文化であり続けるでしょう。

では、どうすればこの問題を解決できるのか。私が心がけていることを紹介します。

・「よりよく」を目指しながら、それが「青天井」の目標であることを自覚する
・目標に「よりよく」を用いず、自身で達成の基準（目標）を設定する

やや精神論ではありますが、これを意識するだけでも十分に効果があるはずです。限りある時間を浪費することがないように、達成の基準を持つことが大切です。

●ミスが許されない仕事

学校ではミスのことを「事故」と呼びます。仕事の性質上、ミスは絶対に許されないことがその理由なのでしょう。そのため、さまざまな業務がマニュアル化されており、特に入試の監督業務や採点業務は管理が徹底されています。

こうした背景が示すのは、「成果は見えず、ミスは目立つ」仕事の特殊性です。結果として、手間をかけてでも「ミスなく」「丁寧に」やることが正しく、効率化はミスを誘発するため悪である、という価値観が形成されやすくなります。

しかし、いくらミスが許されないとはいえ、「丁寧さ」に傾倒して仕事を増やしたり、効率化を敬遠したりするようでは、働き方改革を進めようもありません。「丁寧さ」が求められる場面と「効率化」すべきところを見きわめて、時間を有効に投下していきましょう。

● 効率化は悪

「効率化は悪」という価値観が形成されてきた背景には、「教育は効率化できるものではない」「効率化＝手抜き」といった固定概念があるように思います。

確かに、教育には根気が必要で、子どもと丁寧に向き合いながら、日々の小さな成長を見守ることがクラス担任の大切な役割です。ですから、子どもとのかかわりである「教育」は効率化できない、という主張もよく分かります。

しかし、「丁寧さ」と「効率化」は矛盾しません。むしろ、効率化によって「より丁寧に子どもと向き合える」と思っています。

なぜなら、「子どもとかかわる時間」を効率化するのではなく、その時間を増やすために「事務作業」や「ルーティンワーク」を効率化するからです。

次頁の図のAとBは、2パターンの働き方を示しています。

本来業務：教材研究や生徒対応など、子どもと直接かかわる教員の本分の仕事
定型業務：事務作業や雑務など、何度も繰り返し発生するルーティンワーク

さて、AとBではどちらが生産的な働き方でしょうか。言うまでもなくBですね。

Aは、事務作業やルーティンワークなどに圧迫され、教材研究や生徒対応などの時間がほと

んど工面できていません。残業も発生しています。過去の私も含め、多くの教員が陥っているのがこの状態です。

一方のＢは、事務作業やルーティンワークなどを効率化したことで、教材研究や生徒対応など、子どもに還元するための時間が増えています。

つまり、「本来業務」に注力するために、「定型業務」を効率化するのです。これが「丁寧さ」と「効率化」が矛盾しない理由です（ちなみに、効率を測る指標が「生産性」です）。

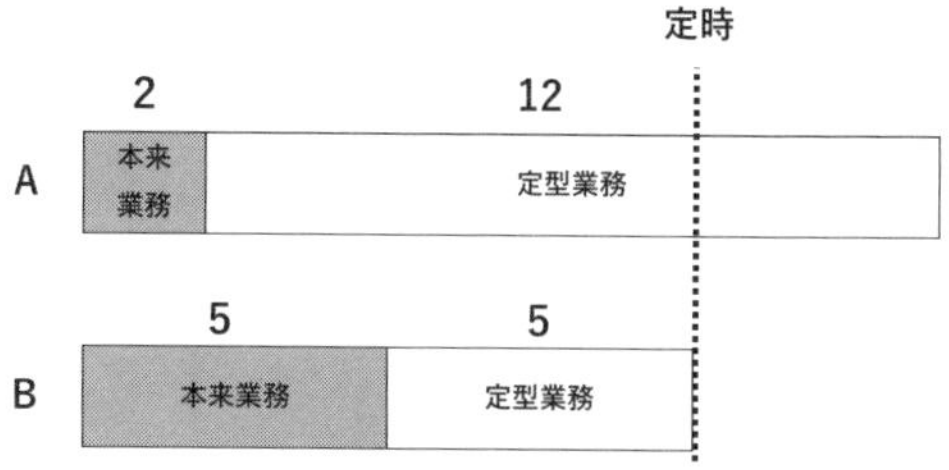

本来業務と定型業務

●成果はかけた時間に比例する？

学校には、「成果は時間に比例する」という価値観もあるように思います。資料作成でフォントや図の配置にこだわるのは、「よりよい」ものを目指した結果でしょう。

しかし、子どもと直接かかわらない場面での完璧主義とも言える働き方は、生産性の観点から極力省いてゆくべきだと思います。なぜなら、「コスト（時間・労力）」が「成果（価値）」に見合っていないからです。

ベル研究所のトム・カーギルの「90対90の法則」では、ある作業（例えば資料作成）を行う際、完成度を0から90にするのにかかる時間と、90から１００まで高めるためにかかる時間は同じとしています。つまり、資料作成で90点のデキなら1時間で終わるのに、100点を目指すと2時間（2倍）かかってしまうということです。

その10点の積み上げに、1時間を費やす価値があるかを考えなければなりません。

時間の使い方については、「パーキンソンの法則」も有名です。第一法則「仕事の量は、完成のために与えられた時間をすべて満たすまで膨張する」、第二法則「支出の額は、収入の額に達するまで膨張する」というもので、端的に言うと、人は時間やお金を「あればあるだけ使ってしまう」ということです。

この法則から学ぶべきは、作業は70～80％の完成度でやめる、ということです。

「ああでもない、こうでもない」と言いながら、ダラダラ作業を引き延ばすのではなく、生産性が最大化するように引き際を見きわめることが重要なのです。

原因③　仕組み・制度上の問題

ここまで、学校の特徴や文化を中心に、長時間労働の原因について見てきました。

では、長時間労働は教員のマインドの問題なのかと言えば、ことはそう単純ではありません。学校には「仕組み・制度上の問題」もあるからです。

ここでは長時間労働を固定化する構造上の問題について解説したいと思います。

●勤務時間に対して子どもの在校時間が長い

学校にはコストを肥大化させる仕組みがたくさんあります。

例えば、「勤務時間よりも生徒の在校時間が長い」という問題です。子どもの安全管理のため、生徒が在校している間は、その責任者の在校が原則となっています。

仮に、子どもの登校が7時、下校が19時だった場合、職員の在校時間は最低でも12時間必要です。しかし、実際の勤務時間は8時半から17時（約8時間）が基本となります。

したがって、実態に合わせるには、勤務時間を4時間延長するか、職員を1・5倍にしなければ計算が合いません。この4時間を教員の無償労働でまかなっているため、残業が固定化するのです。なお、教職公務員に残業代は出ませんが、企業が同じことをすれば「ブラック」の誹りは免れないでしょう。

こうした問題から、近年は子どもの在校時間を短くしようと、校門の開門時刻を遅らせるケースもあると聞きます。しかし、家庭によっては、仕事の都合などでどうしても開門時間まで子どもを見ることができない事情もあると思います。

そうしたニーズを切り捨てるでも、学校に押し付けるでもなく、実態に合わせる形で解決しなければ、双方（保護者・学校）の納得を得ることはできないでしょう。

行政が主導すべき働き方改革とは、こうした「仕組み・制度上の問題」を丁寧に解きほぐし、一つひとつ取り除いていくことではないでしょうか。

●休日の活動を前提としている部活動

部活が休日の活動を前提としていることも長時間労働の一因です。休日出勤の代休が取れればコストはプラスマイナスゼロですが、毎日授業のある教員は代休が取りにくく、休日出勤がそのままコスト増となるからです。

また、部活が休日の活動を前提としていることは、突発のトラブルに対する脆弱性もはらんでいます。例えば、土曜日に部活の大会がある場合、顧問が急遽体調を崩しても、代わりの引率は簡単には見つかりません。他の教員も休日はそれぞれの予定があるからです。

その結果、顧問は体調不良や家庭の事情を抱えたまま引率に向かわなければならないのです。

これらの問題の本質は、部活が休日の活動を前提としていることにあります。

加えて、土日の部活動の特殊勤務手当は1日3000円弱。民間企業が休日出勤に時間単価の1・35倍の手当を支払う中（法的義務）、教員は3000円でそのリスクを背負わなければなりません。この仕組みが本当に持続可能なのか、ぜひ世間に知って頂きたい事実です。

●書類の山をつくる煩雑な手続き

煩雑な手続きが多いことも長時間労働を招く一因です。

例えば、学校の予算の執行（会計処理）は、次のような手続きが必要になります。

①業者への見積もり依頼、②伝票作成、③発注するための稟議、④発注・納品、⑤伝票に納品書・請求書を添付、⑥出金するための稟議、⑦業者への支払い、⑧伝票に領収書添付、⑨伝票のファイリング

これは、1円でも出金する際には必須の手続きで、退学の返金ともなると、20枚程の書類の作成や添付が必要になります。公費を扱う仕事の性質上、不正が許されないのは当然です。しかし、数千円の返金に20枚の書類を要する煩雑な手続きは、本来業務を圧迫するものと言わざるを得ません。少額の支払いに、多忙な管理職の決裁が必要なのかも再考すべきでしょう。

経理部門の創設や会計の簡素化、決裁権の移譲など制度の見直しも含めて、教員が授業や生徒対応の時間を確保できる仕組みを検討すべきだと思います。

原因④　リソースの不足

業務量の多寡は実は相対的なものです。業務量に比例して教員数を増やすことができれば、一人当たりの業務負担は小さくなるからです。

しかし、学校では「人を増やす」ことが容易ではありません。法的に「人・モノ・カネ」のリソースに制限がかけられているからです。

ここでは、リソースの充足をはばむ法的要因と、リソース不足が引き起こす影響について見

ていきたいと思います。

●マネジメントを不要にする給特法

長時間労働の原因を法的な面から見ると、教育委員会や管理職に時間外手当（残業代）を支払う痛みがないことにも問題があります。給与の４％を「教職調整額」として給与に上乗せする代わりに、教職公務員には残業代を支払わないことが法律（給特法）で定められています。

ちなみに、給与の４％は1か月あたり8時間の残業に相当しますが、これは１９７１年当時の残業時間を基準に算出されたものです。

それから50年――。実際には、月80時間（過労死ライン）の残業をしているのに、たった8時間の残業代を支給するだけで、教員を追加コストなく使用することができるのです。

これが「定額働かせ放題」と言われるゆえんです。

時間外労働には、時間単価の1・25倍（60時間超は1・5倍）の割増賃金を支払うことが労働基準法で定められているため、民間企業では時間外労働を削減する努力がなされています。しかし、公立学校では教員にいくら残業をさせても残業代は発生しません。

マネジメントする側（教育委員会・管理職）に「コスト」の痛みがなければ、長時間労働を是正する理由はありません。これでは、長時間労働を「抑制」するどころか、「助長」するインセンティブが働いてしまいます。

教育委員会の実施する「ビルド&ビルド」の新規事業も、コスト感覚の欠如と無関係ではないでしょう。

近年、X（旧Twitter）などで「給特法を改正して残業代を支払うべき」と主張する先生もいますが、真意は残業代が欲しいのではなく、残業代を支払う「痛み」を知って欲しい、労務管理の必要性を分かって欲しい、という願いではないでしょうか。

●人手不足（定数法）

長時間労働が「業務過多」に起因するなら、教員数を増やすことで解決できる問題も多いはずですが、学校はなぜ「忙しいまま」なのでしょうか。

実は、学校は企業と異なり、業務過多や人手不足の状態でも、教員を一人増やすことも学校の裁量ではできません。いわゆる「定数法」によって、クラス数に応じて教員数が算出される（職員数にキャップをかける）仕組みとなっているからです。

「教員は長時間労働の文句を言うばかりで、自分たちで解決する努力をしない」という批判があります。確かに、学校は「仕事を減らす」努力が足りないかも知れません。

しかし、「人を増やす」には「法改正（世論の力）」が必要となるため、自分たちで解決することが難しい問題なのです。

なお、昨今問題となっている「教員不足」は、定数法でキャップをかけられた定員さえ満たせていないという異常事態です。

本書をお読みになり、その思いに共感してくださる方がいれば、教育の正常化のため、一人でも多くの方に教育リソース拡充の必要性を伝えて頂きたいと思います。

● すぐにフリーズするPC

業務上のインフラとも言えるPCの老朽化も、予算不足がもたらす弊害です。

私の校務用PCは、複数のアプリを起動すると動作が遅くなり、ダウンロードにも時間がかかって、とにかく仕事になりません。また、ネットワークも脆弱で、サーバにアクセスできず、午前中はPC作業ができないなどのトラブルもしばしば起こります。

GIGAスクール構想では、小中学生に一人一台端末が配備されましたが、その裏側で、多くの教員が老朽化したPCと格闘していることはあまり知られていません。

このように、教員への予算は優先度が低いのが実情です。しかし、子どもとかかわる時間を確保するためには、できるだけ作業効率のよいPCを使うべきです。ここではPCの買い替えによって得られる生産性向上を試算してみたいと思います。

前提条件

・PCが1日15分フリーズする

・職員の平均時間単価　2000円
・年間の課業日数は250日（PCを利用するのは1日4時間）
・PCを買い替えると処理速度は10％アップする
・PCの代金　10万円

費用対効果（金額ベース）
① 時間単価2000円×15分のフリーズ×250日＝12万5000円の損失
② 時間単価2000円×4時間利用×速度10％アップ×250日＝20万円の生産性向上
③ ①＋②－10万円＝22万5000円の生産性向上

という試算が成り立ちます。公務員に金額ベースがなじまないとすれば、

時間対効果（時間ベース）
① 15分のフリーズ×250日＝3750分の損失
② 4時間利用×速度10％アップ×250日＝6000分の速度向上
③ ①＋②＝9750分≒162時間≒20日（課業日）の時短

という試算も成り立ちます。しかも、これは単年での試算であるため、2年であれば2倍、3年であれば3倍の生産性向上が見込めるのです。

1日に何度もフリーズするようなPCで、ICTを活用した「主体的・対話的で深い学び」が実践できるとは、私には思えません。

1日も早く青いクルクルと決別できることを願っています。

すべてを内製化しようとする体質

学校には、予算不足を補うため、本来アウトソーシングすべき業務も内製化していることが数多くあります。例えば、校内ネットワーク業務はその一例でしょう。

企業のネットワークにかかわる業務は、外部の会社にアウトソーシングしたり、外部人材を出向の形で受け入れたりするのが一般的です。専門性の高いネットワーク業務は、外部委託した方が安価だからです。ところが学校では、その予算が工面できないこともあって、「情報科」の教員やコンピュータに詳しい教員がネットワーク業務を担っています。

授業や学年、分掌業務、部活などの通常業務＋αでネットワーク業務を担当するため、担当者の負担は非常に大きくなります。

GIGAスクールによる一人一台端末の配備は、コロナ禍での子どもの学びを止めないために必要な施策であったと思います。ただし、PCの配備にはセットアップしたり、パスワードを配布したり、諸々の準備が必要です。紛失や故障が起これば個別の対応も必要になります。

しかし、そのための予算は計上されず、結果として長時間労働や人手不足で逼迫する中、多くの学校で教員が遅くまで残って作業することになりました。

このように、外部委託すべき業務を教員が担う現状が業務を増やし、長時間労働に拍車をかけているのです。

原因⑤　教員の生産性の低さ

ここまで長時間労働の原因について、教員レベルでは解決が難しいものを中心にみてきました。これらは、制度変更や業務改善が必要な問題であり、本来的には行政や学校マネジメントの責任の範疇でしょう。ただ、教員個人にも改善できることはあります。

それは「生産性の低い働き方」です。

前述した教員の働きの中で、「なぜそんなムダなことをするの？」「もっと効率よくやればいいのに」と思われた、まさにそれが「生産性の低さ」なのです。

次章では、生産性という観点から、教員の働き方について考えてみたいと思います。

【コラム】未払いの残業代１兆円で長時間労働を解消する

教員に残業代を支払うと１兆円になるとの試算があります。私も以下のように試算してみたところ、同じような金額になりました。

教員の時間単価＝平均給与36万円÷22日÷８時間＝２０４５円

時間単価2045円×時間外割増1・25×時間外労働50時間×教員数90万人×10ヶ月（長期休業2ヶ月分は除く）≒1兆1500億円

正直に言えば、働いた分の残業代を支払って欲しい気持ちもありますが、予算的な制約や働き方改革を目指す近年の社会風潮にあっては、そうした主張は理解が得にくいでしょう。

そうであれば、1兆円の10分の1の予算（1000億円）を使って、人を雇用してみてはどうでしょうか。職員を拡充することで負担を軽減するという発想です。

雇用する職員は「教員」である必要はありません。教員の事務回りをサポートしてくれる「業務アシスタント」の職員を増やすことができれば、授業や生徒対応などの本来業務に集中できる環境につながっていくはずです。

例えば、横浜市の雇用条件を参考にした場合、業務アシスタントの年間給与は「時給1088円×年間1050時間以内≒110万円」です。1000億円の予算で雇用できる人数は、「1000億円÷110万円≒9万人」となります。9万人は全国の公立学校の教員数の10分の1ですから、教員数50人の学校であれば、5人の業務アシスタントを配置できることになり、これが実現すれば大幅な負担軽減が期待できます。

教育を持続可能なものとしていくためには、こうしたリソースの大幅拡充と、教員のサポート体制の構築を、ゼロベースで考えていく必要があると思います。

第3章

教員の生産性

生産性とは何か

教員の長時間労働を変えるために見直さなければいけないのが生産性です。

生産性とは、投入量に対してどれだけの成果を出せたかを測る指標で、次の計算式によって求めることができます。

生産性＝アウトプット(成果)／インプット(リソース・コスト)

アウトプット：製品・サービス・付加価値・成果物など
インプット：人・モノ・カネ・時間など

生産性にはさまざまな指標がありますが、働き方改革に求められるのは、労働生産性（成果／労働量）の向上です。その中でも本書は、時間に対する成果の度合いである、「時間あたりの生産性（タイムパフォーマンス）」にフォーカスしています。教員の最大のリソースは時間であり、本書の目的はまさにその時間（月30時間）を生み出すことだからです。

タイムパフォーマンスは「成果／時間」で算出されます。時間のわりに成果を生まない仕事は、生産性が低く、見直しが必要な仕事になります。

あなたの周りにも、勤務時間中に延々ムダ話をしたり、仕事もしていないのにダラダラと職員室に残っていたり、生産性の低い働き方をしている教員がいるのではないでしょうか。

教員の多忙化や長時間労働の主因が、予算や制度などハード面にあるのは事実です。

しかし、教員特有の働き方や価値観が生産性を下げ、自身の首を絞めている側面もあります。リソース拡充のためには、教員が生産性を上げる努力をすることも大切だと思います。教員の働き方が変わらぬまま「予算が足りない」「人が足りない」と言っても、世間の理解を得るのは難しいからです。

こうした背景から、「最小のコスト（時間）」で「最大の成果」を得るタイムパフォーマンス向上の考え方が必要なのです。

生産性の向上とは

生産性とは、「生産性＝アウトプット（成果）／インプット（リソース・コスト）」ですから、生産性を高めるためには、次の取組みが必要になります。

① コスト（時間・労力）を減らす
② 成果を増やす
③ ①と②の両方

具体例を挙げてみると、生産性向上とは次のようなことです。

業務を完了させるのに18時までかかっていたのが、作業スピードを上げ、効率化を図ることによって、17時に完了できるようになった。（①のケース）

17時までに10の成果しか生むことができなかったが、ＩＣＴを活用し、価値の高い業務に注力したことで16の成果を生み出せるようになった。（②のケース）

これを踏まえて、生産性向上の打ち手について考えていきたいと思います。

労働時間を短縮しても生産性は向上しない

生産性向上の打ち手として、まず考えられるのは労働時間の短縮です。労働時間の短縮はコストの削減になるため、生産性が上がると思われがちですが、それだけでは生産性は向上しません。なぜなら、労働時間が短くなると成果も減少するからです。

成果は以下の式で求めることができます。

「成果＝能力×時間」

例えば、ある人の能力が6で、労働時間が10時間（残業2時間）から8時間（定時退勤）になった場合を考えてみましょう。

Before

成果＝能力×時間＝６×10時間＝60
生産性＝成果÷時間＝60÷10時間＝６

After

成果＝能力×時間＝６×８時間＝48
生産性＝成果÷時間＝48÷８時間＝６

このように「労働時間の短縮」は、「成果の減少」とセットになっているため、労働時間を短くするだけでは生産性は向上しないのです。

では、どのように労働時間を短縮すれば、生産性は向上するのでしょうか。次項では正しい労働時間の削減方法を見ていきましょう。

正しい労働時間の削減方法

労働時間を短縮して生産性を上げるには、成果を担保した上で労働時間を短くする必要があります。先ほどのBefore/Afterの例では、10時間労働で成果60だったのが、８時間労働では成果48へと減少していました。成果を担保した上で労働時間を短くするというのは、労働時間を

2時間短縮しても成果60を保つということです。

計算式でも確認してみましょう。

先ほどの例では、能力6でしたが、仮に能力7・5になれば定時退勤をしたとしても、

成果＝能力7・5×8時間（定時退勤）＝60

生産性＝60÷8時間＝7・5

となり、生産性は上がることになります。

では、どうすればそのような働き方が実現できるのでしょうか。私はその答えをスキルアップだと思っています。労働時間を短縮しても、作業スピードや判断の質が上がれば、成果を増やすことができるからです。これはスキルアップに他なりません。

要するに、生産性向上のための時短とは、

・削減すべきは「労働時間」でなく「作業時間」

・そのためには、スキルアップ（作業スピードや判断の質の向上）が必要

・そうすれば「成果を担保した上で労働時間を減らす」ことができる

つまり、作業時間が短くなった結果、労働時間が減るということなのです。

近年は生産性を高めるために定時退勤を重視する教員も増えてきました。定時退勤は、生産性や働き方を見直す上で必須の考え方で、持続可能な教育にとっても大変好ましいことだと思います。ただ、定時退勤のための工夫や努力がないまま、それ自体が目的化してしまうと、生

産性が向上しない矛盾に陥るため注意が必要です。

コストを減らして成果も減らす

なぜ正しい労働時間の削減方法の話をしたかと言えば、労働時間の短縮によって、「コストは減ったが成果も減った」という事態になることを避けるためです。

コストは減ったが成果も減ったとは、労働時間を削減したことで、授業の質が下がったり、時間や〆切を守れなくなったり、ミスやモレが増えることなどです。

こうした働き方は、心身を守るための緊急避難的な場合を除いて、周囲の理解を得るのが難しいでしょう。仕事のパフォーマンスは、保育園の送迎や親の介護、自身の体調不良などの事情を抱えていれば、大なり小なり思うようにいかないこともあります。

長い職業人生の一時期に、そうした状況が訪れるのは当然ですし、社会や周囲の理解のもとに支えあう精神が必要だと思います。しかし、定時退勤の結果、「ミスが増えた」「〆切も守れなくなった」のでは学校運営に支障を来すため、最低限の努力は必要だと思うのです。

学校には、家庭の事情などによりフルタイムで働けない先生が大勢います。その状況に、心苦しさを感じている先生がいる一方で、時間的制約があるからこそ、生産性にこだわっている先生もいます。定時退勤でも時短勤務でも、生産性が高ければ誰も文句は言いません。

自身のスキルアップに投資する価値はここにもあるのです。

成果（アウトプット）を最大化する

ここまで生産性向上について、「コストの最小化」の観点から述べてきましたが、生産性を論じる上では「成果の最大化」が本質だと思います。

生産活動において、コストをゼロにするのは不可能ですが、成果には理論上、限界がありません。生み出す価値が大きいほど生産性は向上するため、工夫の余地も大きくなります。

以下、成果を最大化するための打ち手について見ていきましょう。

● 時間NISAのすすめ（時間への複利投資）

「毎日1％の成長を1年間続けると、1年後には37・8倍成長した自分になれる」

日々の小さな努力（×1・01）の積み重ねが、大きな成長につながる例え話として、子どもに話したことのある先生も多いのではないでしょうか。これは、複利の大きさを物語るエピソードですが、時間への投資にも同じことが言えます。

本書の4章・5章でお伝えする時短メソッドは、スキル単体ではそう多くの時間を生み出せるわけではありません。1つのスキルを身に付けて、10～20分程の時短にしかならないでしょう。しかし、捻出した時間をさらにタイムパフォーマンスを上げるために投資すれば、膨大な時間を生み出すことができます。

例えば、仕事のスケジュールを見直して20分（①）を捻出し、その時間をファイルやフォルダの整理に投資すれば、探し物の時間を30分（②）短縮できます。さらに、その時間を効率化のためのテンプレート作成に投資し、10分（③）を捻出できれば、1日1時間（①＋②＋③）、つまり月22時間の自由が生まれます。

時間への投資が再投資のための時間を生み、複利的に時間が増えていくのです。そして生み出した時間は、仕事の成果を上げるために使うも、家族や自分のために使うもその人の自由です。資産も時間も複利で増やしていきましょう。

●やりたいことに集中する20％ルール

Googleには「20％ルール」という制度があります。

業務時間の20％（1日であれば1・5時間、1週間であれば1日）を使って自由に仕事ができる制度で、社会インフラとなったGoogleマップもここから生まれました。

その20％ルールによって開発されたサービスに「Google ウェーブ」というコミュニケーションツールがあったそうです。経営陣からも期待され、満を持してのリリースだったのですが、利用者数は伸び悩み、2年後にはサービスが終了。メディアからも酷評を受けました。

しかし、後にGoogle ウェーブの技術が「Gmail」に応用され、Gmail成功の礎となったのです。Google ウェーブの開発メンバーは社内でひっぱりだこになりました。

このエピソードは、新たな価値の創造には「チャレンジの時間」と、「失敗を受容する文化」

が不可欠であることを物語っています。

Google は、失敗した人を決して非難しません。それどころか、「失敗の鐘」を鳴らし、「失敗おめでとう」と言ってチャレンジ失敗を祝う文化まであると言われます。

翻って、学校はどうでしょうか。残念ながら、新しい授業にチャレンジする時間もなければ、ミスにも厳しいのが学校です。失敗を受容する文化は、一朝一夕には醸成されませんが、20％と同等の時間（1日1・5時間）の捻出なら、自己のスキルアップによって十分可能です。そして、その時間を生み出すことこそ本書の趣旨なのです。

新たな価値を生み出すために、時間への投資を続けていきましょう。

● スキマ時間を活用する

「パナソニック調べ（2014）*」によると、20代～50代の男女の1日あたりの「スキマ時間」は平均で1時間9分というデータがあります。スキマ時間の活用は、タイムマネジメントの定番ですが、学校はスキマ時間の宝庫です。

授業の合間、会議前の待ち時間、通勤時間（学校は駅から遠い）、部活中など、スキマ時間は至るところにあります。

* PRTIMES　https://prtimes.jp/main/html/rd/p/000000037.000001409.html

1日10分のスキマ時間を3回見つけて作業に充てたとすると、年間に15日（課業日）の時間を生み出すことができます（10分×3回×250日÷8時間÷15日）。

「5分でできることリスト」「10分でできることリスト」を作成しておき、スキマ時間ができたらリストの中から選んで作業を行いましょう。

「20分でできることリスト」の作成を勧めるメソッドもありますが、20分は立派な作業時間なので、リストは「5分」と「10分」で十分だと思います。

時間を有効活用するためには、スキマ時間を積極的に探しに行く姿勢も大事です。デイリースケジュールを作成したら、スキマ時間が生まれそうなタイミングに目星をつけ、その時間に実行するタスクも考えておきましょう。突発でスキマ時間が発生した際は、授業の構成を考えたり、プリントの内容をイメージしたり、考える時間に充てるのが一番のおすすめです。

●アウトプットノート術

成果を増やすにはノートの活用も有効です。私がこれまで出会ったアイデアマンは例外なくメモ魔で、ノートやスマホにネタを書き残していました。

彼らのノートを見て気付いたことがあります。情報を「保存」するためではなく、情報を「転用」し、新たなアイディアを生み出すためにノートを活用しているのです。

そうであれば、ノートの形式をインプットからアウトプットへ思考が流れるように工夫すれば、アイディアが生まれやすくなるとは思いませんか？

以下、私が使っているノートを紹介します。

・インプットした情報をアイディアにするノート（転用）

・頭の中のアイディアをまとめるノート（整理・体系化）

なお、これらは『メモの魔力（前田裕二著）』『トヨタで学んだ「紙1枚」にまとめる技術（浅田すぐる著）』から着想を得たものです。

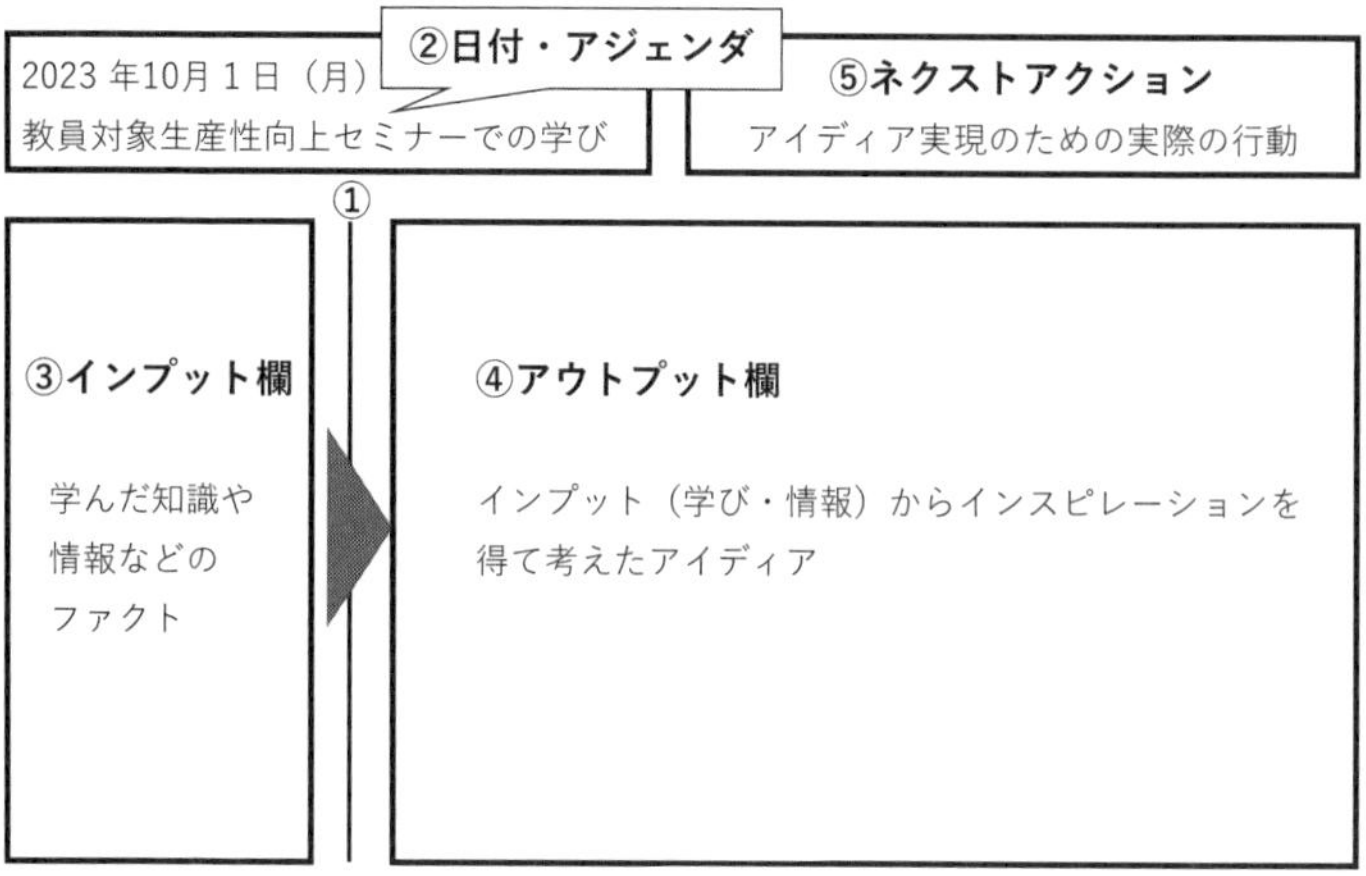

インプットした情報をアイディアにするノート(転用)

ノート活用の手順

① Ａ４（ヨコ）用紙を使い、左から「１／３」のところで縦に線を引く
② 日付、アジェンダを記入する
③ 「インプット欄」に知識や情報など学んだことを記入する
④ 「アウトプット欄」に③から着想を得て思い付いたアイディアを記入する
⑤ アイディアを実現するために実際に行動することを記入する

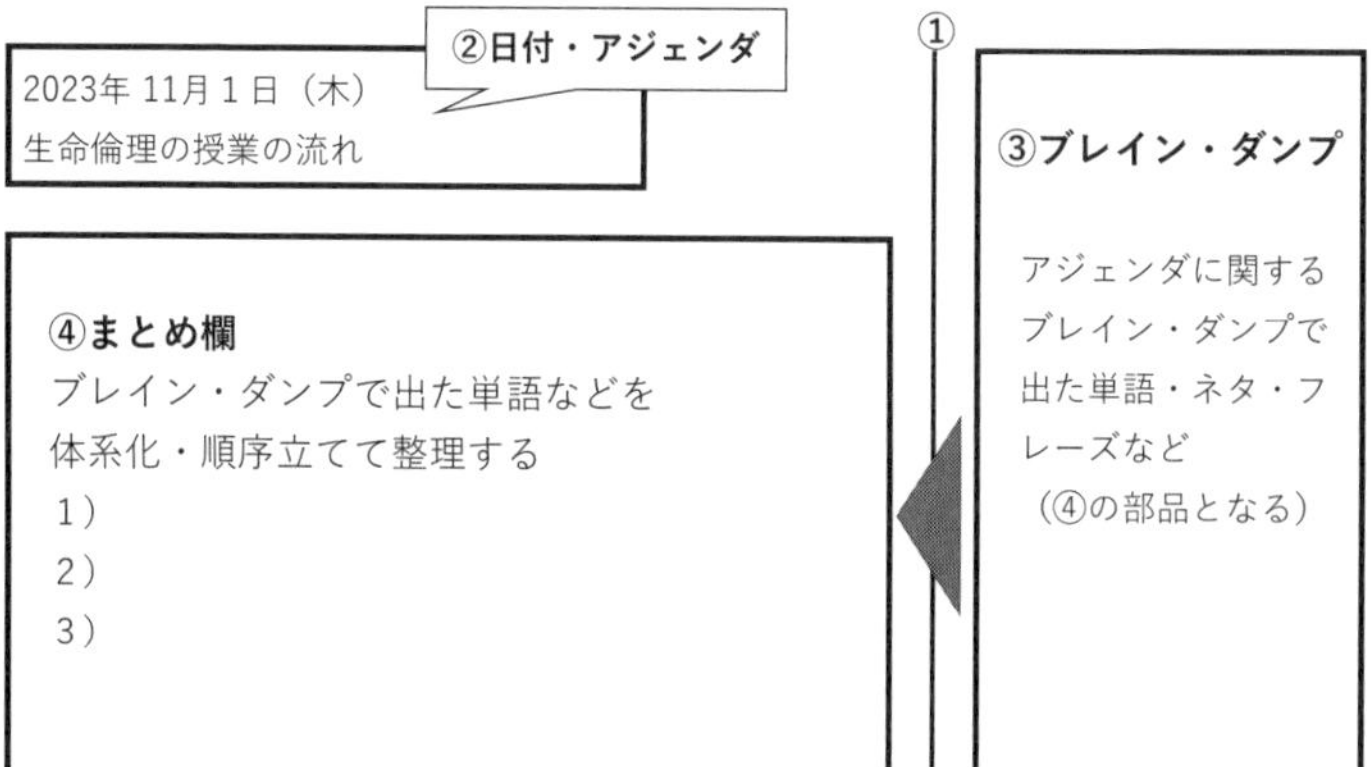

頭の中のアイディアをまとめるノート(整理・体系化)

ノート活用の手順

① Ａ４（ヨコ）用紙を使い、左から「２／３」のところで縦に線を引く
② 日付、アジェンダを記入する
③ 「ブレイン・ダンプ欄」にアジェンダについて思い付いたものをすべて書き出す
④ ③で出てきたものを取捨選択し、「まとめ欄」に整理・体系化していく

A4用紙の優れた点は、いつでも場所を選ばずアウトプットできることです。A4用紙をバインダーに挟んで持ち運べば、机がなくてもどこでもメモができます。

しかも、考えごとはいつでもできるため、教室へ向かう移動中、部活の休憩時間など、1分あれば「ながらアウトプット」が可能です。ミスプリントした裏紙に、ぜひアイディアの種を書き出してみてください。

なぜ「子どもの成長」を生産性の指標にしてはいけないのか

これまで生産性の定義や生産性を高める上で留意すべきことを述べてきました。では、教員は何を生産性の「指標」とすればよいのでしょうか。

生産性の分母（リソースやコスト）であれば、時間やお金など、どの業界にも共通する指標がありますが、分子（成果）となると教育特有の難しさがあります。

この点、近年の論調では、「教員の生産性＝子どもの成長／時間・労力」とすることが多いようです。確かに、教育は子どもの成長を目的とするため、成長を指標にできればそれに越したことはありません。しかし、子どもの成長を生産性の指標とすることは、以下の４つの理由から難しいように感じます。

・子どもの成長の測り方の問題

・子どもの成長は教員の成果ではない
・成長（正の変化）が10年後に起こるかも知れない
・教育は生産性（効率）では割り切れない

次項では、生産性の指標に「子どもの成長」を用いることの難しさについて考えていきたいと思います。

●子どもの成長の測り方の問題

子どもの成長を指標にしてはいけない第一の理由は、成長の定義が難しいことです。学力や進学実績にフォーカスして「学力＝成長（成果）」と捉えることができれば話は単純ですが、学校とは「知・徳・体」を涵養するところです。知に特化して成長を見取るのは一面的と言わざるを得ません。

さらに、数値として測れない問題もあります。成長の定義化は、決め方の問題でもあるため、校内で議論して合意することができないわけではありません。しかし仮に、進学率、思いやり、学習定着率、部活の成績などを成長と定義したとして、それをどのように数値化したらよいでしょうか。

「生産性を測る」とは「数値化する」ことです。けれども人間性や道徳心など、個人の内面にかかわる成長が定量評価になじまないことは教員であれば誰でも理解できます。

さらに、数値化できなければ、ＫＧＩ（重要目標達成指標）もＫＰＩ（重要業績評価指標）も設定することができず、次のアクションにつながりません。

せっかく教員の世界にも、「生産性が大事」「生産性を上げたい」という機運が芽生えてきたのに、「でも生産性は測れないけどね」というのでは、本末転倒でしょう。

このように、子どもの成長を生産性の指標にすることは、定量化できないものを指標にする難しさをはらんでいるのです。これが、子どもの成長を指標にしてはいけない第一の理由です。

●子どもの成長は教員の成果ではない

第二に、子どもの成長は、教員の成果ではない点です。

そもそも成長には、本人の努力、家族の働きかけ、学校での学び、友人や社会との関わりや読書、塾や習い事、挫折や失敗などさまざまな要因があり、それらが相互に関連しあって「知・徳・体」が育まれていくのだと思います。

そうであれば、教員の働きかけは子どもの成長の一因にすぎず、子どもの成長を教員の成果とすることには無理があります。子どもの成長は、子どもにとっての成果なのです。

こうした誤解が生じる原因は、「アウトプット」と「アウトカム」の混同にあるように思います。

おおよそ生産活動というものは、生産に必要なリソースをインプット（投入）し、製品やサービスなどをアウトプット（出力）する営みです。学校であれば、時間や労力を投入し、授業（行動）やプリント（成果物）などのアウトプットを生み出します。

これに対しアウトカムは、アウトプットから得られた変化や効果を指します。先のケースで言えば、教員のアウトプット（授業やプリント）による子どもの変容がアウトカムとなります。つまり、子どもの成長は、アウトカム指標なのです。

このように、子どもの成長は子どもにとっての成果であることが、子どもの成長を指標にしてはいけない第二の理由です。

●成長（正の変化）が10年後に起こるかも知れない

第三に、教員の子どもに対する働きかけは、必ずしも即効性があるわけではないことです。言い換えれば、正の変化は10年後に起こるかも知れず、そこまで追跡調査しなければ、本当の意味での教育効果は測れません。

私も過去に、そのような経験をしたことがあります。

初任校に勤めて5年目のことです。私は、旅行会社を経て教員となった経緯もあり、「ツーリズム・ワークショップ」という観光系の授業（学校設定科目）を担当していました。

授業では、旅行や観光の知識、旅行会社の仕組み、旅行代理店の店舗見学（比較レポート）、時刻表の見方・料金計算、生徒企画旅行の販売などを中心に学習していたのですが、私が授業内容と同じくらい重視したのは、時間やマナーを守るという生活指導の側面でした。

ツアー主催者が時間を管理するのは当然のことながら、ツアー参加者も円滑な運行のために時間を守らなければなりません。また、社会人になる上で、時間遵守は当然のマナーでもあります。ちょうど学校全体にルーズな空気が流れていたこともあり、この授業では特に時間やマナーの指導を口酸っぱく行っていました。

そんな中、気になる女子生徒がいました。明るく活発で授業にも集中して取り組む生徒でしたが、ある時から私と距離をおくようになったのです。事情はよく分かりませんでしたが、もしかすると生活指導に厳しいことが、彼女にとっては自由を制限された、と煩わしく感じたのかも知れません。

その生徒が卒業して8年後、社会人になった彼女と再会する機会があり、高校時代の思い出をこのように語ってくれました。

> ツーリズムの授業が一番思い出に残っていて、そこで時間の大切さや旅行を企画する楽しさを学びました。旅行が趣味になった今、パッケージツアーは使わず、すべて自分で企画・手配して旅行しています。先生がおすすめしてくれた「シャウエン（モロッコの都市）」にも行ったんですよ！　起業をしたので、時間の大切さもすごく良くわかります！

教育に「即効性」がないというのは、こういうことだと思います。彼女が授業を受けた1年のスパンで見ると、彼女に対する私の働きかけはネガティブなものだったのかも知れません。しかし、その後の彼女の旅行のスタンスや時間の捉え方を見れば、ポジティブな面もあったと言えるのではないでしょうか。

子どもに対する教員の声掛けや指導は、いつ・どこで作用するか分かりません。そうであれば、子どもの成長をたった3年（中・高の場合）で測って指標とするのは、実態を捉えているとは言い難いと思うのです。

これが、子どもの成長を指標としてはいけない第三の理由です。

●教育は生産性(効率)では割り切れない

第四の理由は、教育は必ずしも生産性（効率）に馴染まないことです。

私は、教員の働き方にも生産性の視点を取り入れるべきとの立場ですが、教育は効率で割り切れないことも多く、すべてにそれを適用してはいけないと思っています。

そもそも生産性を測る目的とは何でしょうか。分子と分母に用いる指標によって生産性の見え方も変わりますが、全体としては「効率の追求」であることに異論はないでしょう。

「リソースに過不足はないか」「時間の配分は適切か」などの効率を見える化し、業務の「ムリ・ムダ・ムラ」を見直すことに生産性の意義があります。

仮に、生産性の分子（成果）を「子どもの成長」とした場合、より低コストで子どもを成長させることが生産的となります。すると、生産性を高めるために、子どもの成長に直結しない非効率な業務は縮小へと向かうでしょう。

業務改善において、スクラップ&ビルドは大事な視点ですが、私はたとえ効率が悪くてもそこに教育的意義と責任があるなら、やらなければいけないことが教員にはある、と思っています。例えば、

・いつ役に立つか分からない「専門書」を読むこと
・フォローアップのためにクラス全員の生徒と面談をすること
・受験でつまずいた生徒のそばに寄り添うこと

などは、もしかしたら「子どもの成長」には直結しないのかも知れません。

それでも私は、教員としてこれらの価値を大事にしたい。効率ばかりを追求して、大事なものまでそぎ落としてしまっては、教育の本質が失われてしまうのではないかと思うのです。

教育の本質を尊重しながら業務改善するめには、生産性（効率）で測るべき業務とそうでないものを仕分ける必要があります。

子どもの成長は、必ずしも生産性（効率）に馴染まないことが、生産性の指標にしてはいけない第四の理由です。

生産性はスキルアップを測るための「装置」

教員の成果の指標としては、次のようなものが考えられます。

①子どもの成長：教育本来の目的であるが定量化が困難
②学習環境の創出：どれだけ学びの機会を提供することができたか
③子どもの実感：学校に対する信頼度や授業の充実感、自身の成長の実感値
④教育プロセス：教材研究や生徒対応の時間などのプロセスの妥当性
⑤組織内での貢献：学校経営や業務改善に資する企画の提案・実行
⑥教員のアウトプット：教員の行動(授業・生徒対応)や成果物

教員の成果の指標にはさまざまな考え方があり、その時々で使い分ける必要がありますが、私が重視するのは「⑤組織内での貢献」「⑥教員のアウトプット」です。なぜなら、生産性は「自身のスキルアップを見える化するための装置」だからです。

先程も述べた通り、生産性向上にはスキルアップ（能力向上）という意味があります。このことは、計算式からも読み取ることができます。

①生産性＝成果／時間(コスト)
②成果＝能力×時間
③①・②より、生産性＝能力×時間／時間(コスト)

④ 生産性＝能力　ゆえに、生産性向上＝能力向上(スキルアップ)

生産性向上がスキルアップのことなら、指標に用いるべきは、子どもの成長（他者の成果）ではなく、教員のアウトプット（自身の成果）ではないでしょうか。

例えば、子どもの学びに資する行動やプロダクト、学校経営上の課題解決の取組み件数などを指標とすれば、自身の生産性の変化を可視化することができます。

これまで1時間で授業プリントを1枚しか作れなかったけれども、テンプレートを作ってフォーマットを統一した結果、1時間に2枚作れるようになったのであれば、生産性は2倍です（もちろん質を担保した上での話です）。

同様に、学校経営に関する職員会議資料を作るのに1時間かかっていたのが、ポモドーロ・テクニック（※後述）を使って30分で作れるようになれば、これも生産性は2倍。

さらに、todo リストの活用やデスクの整理によって、アイドルタイムが短くなれば、生徒対応や知的生産の時間を増やすことができ、これもまた教育の質の向上につながります。

このように、生産性は子どもの成長とは切り分けて考え、自身の効率性（スキルアップ）を測るための装置として用いた方が、生産的だと私は思うのです。

子どもの成長を議論する

しかし、せっかく作業スピードを上げても、捻出した時間が再度ムダな作業に費やされれば、それも生産的とは言えません。限りあるリソースをどう配分すれば、子どもの成長が最大化するのか、その仮説を立て、検証していく視点はやはり重要です。

子どもの成長（アウトカム）を検証するためには、教員の経験や客観的データ、生徒・保護者のアンケートなどを総合的に判断しながら、教育の妥当性を高めていく他にないと思います。

例えば、それは次のような議論です。

A先生

調査では、「教材研究や生徒対応」と「それ以外」の時間の割合が3：7でした。定期試験やリフレクションシートからは、思考・判断・表現の力に課題があることが読み取れます。生徒アンケートでも「対話的な学び」の充実感が低かったので、対話型の授業準備の時間を工面するために、行事の精選が必要だと思います。

B先生

生徒や保護者への事前連絡なく、行事を中止することは難しいので、今年は○○と××の簡略化という方法を検討してはどうでしょうか。

C先生

◯◯は推薦入試を受ける生徒の多くが自己PRにしています。簡略化するのであれば△△の方がよいのではないでしょうか？　昨年度は、職員からも「準備に時間をかけすぎている」との意見がありました。

D先生（ファシリテーター）

では、行事の精選については引き続き検討事項としながら、当該分掌は△△の簡略化の方向性の模索をお願いします。また、「教材研究や生徒対応」の時間、「生徒の授業に対する充実感」については、適切なタイミングで再調査したいと思います。

ここでは、それなりの数値的根拠が示され、生徒・保護者の声、教員の経験を踏まえた議論がなされています。教育の妥当性を高めるためにはこうした議論が欠かせません。その時間を生み出すためにも生産性を高める必要があるのです。

【コラム】教員満足度を高めて教育サービスを向上させる

これまでの学校教育は、教育予算の不足分（人員・学校の経費など）を長時間労働や休日出勤といった教員の責任感や献身性によって補填してきました。結果的に、多くの教員が過労死ラインの過酷な労働を強いられているのは周知の通りです。

これに対し民間では、従業員が心身ともに充実していないと、顧客に良いサービスを提供できないという視点に立ったマネジメントが主流となっています。「サービス・プロフィット・チェーン」という概念で、従業員満足（ＥＳ）の向上が、顧客満足（ＣＳ）につながるという考え方です。確かに、ブラックな労働環境で疲弊した従業員が、体にムチ打ちながら働いたところで、顧客に満足なサービスを提供できるとは思えません。

近年では、日立製作所の「ハピネスプラネット」、マルイグループの「Well-being 経営」など健康経営を掲げる企業も増えており、健康経営と株価には相関性があることも指摘されるようになってきました。

「お客様は神様」という時代もありましたが、サービス向上のために従業員に負担を強いる働き方はもはや過去のものとなっているのです。

教育サービスの提供者である教員も同じではないでしょうか。

教員が疲弊し、子どもと向き合うことができなくなれば、最終的に不利益を被るのは子どもたちです。逆に、教員が心身ともに充実し希望を持って働くことができれば、子どもたちの成長やキャリア形成に良い影響を与えることができます。

生徒満足度（Student Satisfaction）を高めるために、教員満足度（Teacher Satisfaction）を高める発想に転換しなければなりません。教員が生き生きと働いてこそ、子どもたちに良質なサービスを提供できるのです。

第4章

月30時間の自由を生み出す段取り術

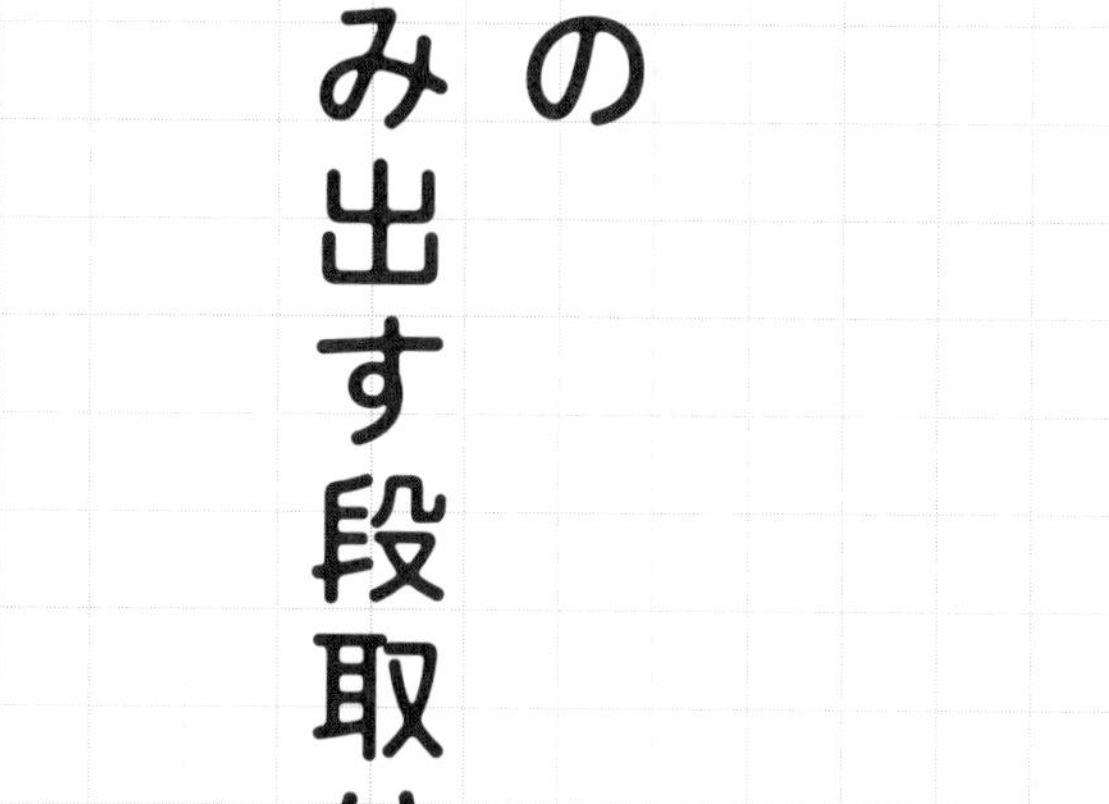

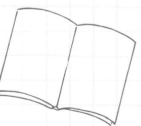

前章では、生産性の観点から時間を生み出すための考え方についてお伝えしました。

ここではより実践的に、生産性を高めるための「段取り術」を紹介します。自身の働き方を分析するワークも準備していますので、ぜひ楽しみながら取り組んでみてください。

働き方の2つのタイプ「業務ベース型」or「時間ベース型」

働き方には、「業務ベース型」と「時間ベース型」の2つのタイプがあります。

「業務ベース型」は、長時間労働の典型で仕事を終えるにはすべてのタスクを完了しなければならない、と考える働き方です。

一方「時間ベース型」は、やり残したことがあっても退勤時間をもって業務終了とする、時間内で成果を出すことが求められる働き方です。

「業務ベース型」と「時間ベース型」では、どちらが生産性の高い働き方でしょうか？

言うまでもなく「時間ベース型」ですね。

あなたが「タスク完了」まで退勤できない「業務ベース型」の働き方をしているのであれば、今後は「時間ベース型」の働き方を意識してみましょう。

具体的には、「作業時間は90分なので、タスクA・タスクC・タスクDを優先的にやろう。タスクBは時間に余裕があれば着手しよう」という働き方です。

それが生産性（タイパ）向上の第一歩なのです。

ワーク1　働き方チェックリスト（長時間労働の原因診断）

ここでは、長時間労働の原因を5つのタイプに分けて見ていきます。

次頁の「働き方チェックリスト」を用いて、あなたの働き方のタイプを診断し、自身の働き方の特徴と改善のポイントを確認してみましょう。

働き方チェックリストの活用手順

① NO・1～30の質問について、あなたの働き方に合致するものにレ点を付ける
② レ点が付いた項目のA～E欄にあるすべての数字に○を付ける
③ A～E欄を縦に見て、○が付いた数字を合計し、合計欄に記入する
④ 合計点をもとにレーダーチャートを作成する
⑤ A～Eのうち、傾向の強い（数値の高い）ものを診断結果で確認する

働き方チェックリスト

NO.	質問内容	チェック	A	B	C	D	E
1	授業準備には時間をかける方だ	□		1	1		
2	授業・分掌・部活など同時に多くの仕事を抱えている	□				2	
3	学校が楽しいと感じる	□	1				1
4	短時間で多くのタスクをこなすことに強い満足感がある	□				1	
5	できたことより、できなかったことの方が気になる	□			1		
6	自分の意見より他者の意見に合わせた方がよいと思う	□		1			
7	提出物や作業完了が〆切間際になることが多い	□			1		
8	妥協するのがあまり好きではない	□			1		
9	成長できると思えば失敗を恐れずチャレンジしたい	□	1				
10	業務量の偏りには不満を感じる	□				1	
11	仕事とプライベートを分けることが難しい	□	1				1
12	プリントを作成する時は見た目にもこだわっている	□			2		
13	教員の仕事に情熱を注いでいる	□	2				
14	校長室に呼ばれると良くない話題だと思ってしまう	□		1			
15	仕事を頼まれたら「ノー」と言えない	□	1			1	
16	教員として実現したい（やりたい）ことがある	□	1				
17	細かい点まで気になって色々と確認してしまう	□		2			1
18	いつも〆切に追われている気がする	□		1		1	
19	子どもの成長のためならトコトン付き合おうと思う	□	2				
20	文科省・教委に指定された研究校で担当者を務めている	□				2	
21	管理職や同僚の先生など他者からの評価が気になる	□		1	1		
22	忙しくても仕事に対して手を抜きたくない	□			2	1	
23	〆切が迫っているのについ別のことをしてしまう	□					2
24	安心感を得るために必要以上に根回しをしてしまう	□		1			
25	自分の働き方には改善の余地（ムダな時間）があると思う	□					1
26	仕事に没頭して時間を忘れることがある	□	1		1		
27	業務時間中でも休憩やリラックスする時間がある	□					1
28	仕事上のミスや失敗に強い恐れを感じる	□		2			
29	１日を振り返って何の仕事をしたか思い出せないことがある	□				1	1
30	情報共有のつもりがついおしゃべりになってしまう	□					2
	合計						

レーダーチャート

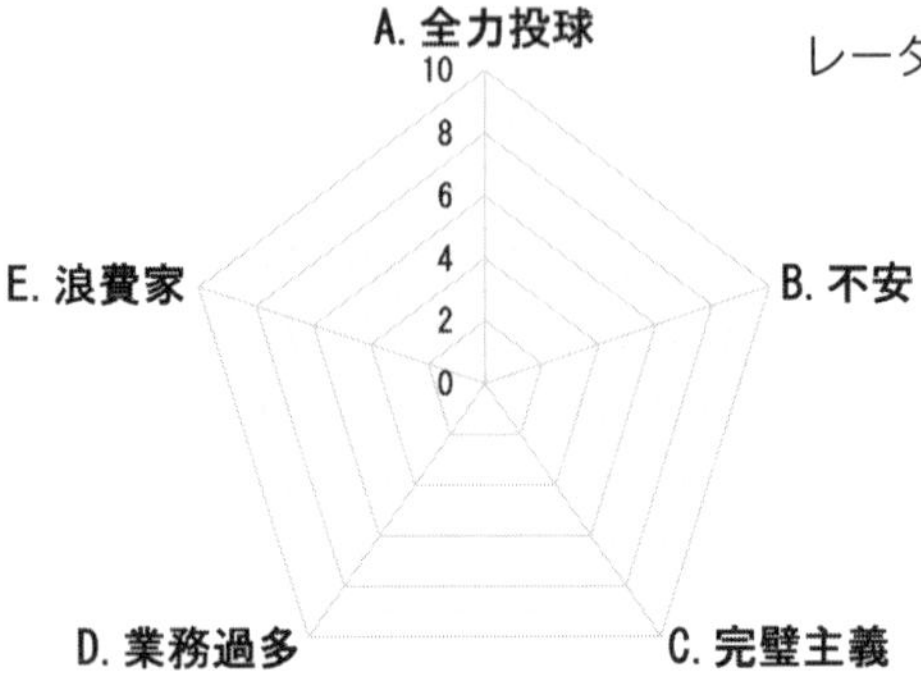

診断結果

タイプ	特徴	改善のポイント
A．全力投球タイプ	・教員としての使命を全うするため、何事にも全力で取り組む ・子どもにトコトン付き合う「よい先生」である反面、家庭やプライベートを犠牲にすることも多い ・長時間労働を改善したい気持ちはあるが、働き方改革に申し訳なさを感じて仕事を減らせないケースもある	・仕事の軽重を意識し、力の抜きどころを見きわめる ・心身の健康と家庭の安定があってこそよい教育ができると言い聞かせる ・時には子どものためにブレーキを踏む（ムリして体を壊すのは本末転倒） ・業務削減と子どもの成長が両立する工夫を考える
B．不安タイプ	・不安や心配から、過剰な根回しや細かな確認、点検をして時間がかかる ・気持ちの切替えが苦手で、ミスを引きずって問題がこじれることもある ・相手の顔色をうかがいながら仕事を進める傾向があり、何度も手直しをしてしまう	・情報共有すべき範囲を見きわめ、複数の先生にまとめて話をする ・点検は2回までと決めておく ・ミスしないことより、ミスをリカバリーすることの方が大事と考える ・時には「えい！」と思い切って自分の考えでやってみる（大体、大丈夫）
C．完璧主義タイプ	・完璧を求めるあまり作業が長引いてしまうタイプ ・資料やプリントなどはフォントやデザインにもこだわるため、納期がギリギリになることも多い ・求める水準が高く、妥協しない性格で自他の評価に厳しい ・自己満足型の完璧主義と不安に起因する完璧主義がある	・自分でゴールを設定するのではなく、予め相手の期待値（質）を確認し、「期待値＋α」の仕事にとどめる ・質だけでなく「質×量÷時間」で自らの仕事を評価する ・スピードも品質の一部と心得る ・70点の完成度でやめる （あなたの70点は他者の90点）
D．業務過多タイプ	・同時にいくつもの仕事を抱えており、常に〆切に追われている ・基本的な能力が高く、周囲から頼られるため仕事が集中する ・指定校の研究など他の先生にはない+αの負担に苦しむ ・弱音を吐くのがイヤで、業務量がキャパシティを超えても長時間労働で帳尻を合わせている	・何かを得れば何かを失うトレードオフを意識し、価値ある仕事に注力する ・仕事の進め方やタイムマネジメントを見直して生産性を上げる ・キャパシティの80%を超えたら仕事を断ると機械的に決める ・マネジメント層の先生に役割分担の見直しをお願いする ・ロールモデルまたはメンターとなる先生を持つ（いなければご相談下さい）
E．浪費家タイプ	・優先順位の低いことに時間を浪費し、在校等時間が長くなるタイプ ・情報共有がおしゃべりに、調べものがネットサーフィンになるなど、脱線して時間がかかる ・誰とでも気軽にコミュニケーションでき、学校の居心地のよさも在校等時間が長くなる一因となっている ・1日を振り返り、何の作業をしたか思い出せないこともある	・スケジュールのログを取り、1日の浪費時間を可視化する ・情報共有は時間を決めて行う ・「調べるテーマ」を事前に書き出してからネット検索をする ・家族や趣味など学校外の時間を大切にする ・todoリストで作業を明確化する

ここでは長時間労働の5つのタイプとその特徴、改善のポイントをまとめました。

長時間労働の原因は、複数のタイプにまたがること（BとCの複合型など）も珍しくなく、簡単に分類できるものではありません。それでも、自身の性格や価値観、仕事のスタンスがどのような傾向かを把握しておくことは、対策を考える上で重要なことです。

なお、点数が低いにもかかわらず、長時間労働の場合は、制度や仕組みに原因がある可能性が高くなります。

段取り力を身に付ける

第16代アメリカ大統領のエイブラハム・リンカーンは、「6時間で木を切れと言われたら、4時間は斧を研ぐ時間にあてるだろう」と言い、段取りの重要性を強調したと言われます。

段取りとは、物事の「順序」や「準備」のことです。

例えば、カレーを作る場合、①コメを炊く、②具材を切る、③炒める、④煮る、⑤ルーを入れる、⑥盛り付ける、などの工程があります。この順序を決めるのが段取りです。

「段取り八分、仕事二分」という言葉があるように、仕事に取りかかる前に、具体的な作業手順を考えておけば、それだけ仕事のスピードと質は上がります。

逆に、段取りが悪く「①コメを炊く」作業を後回しにすると、圧力鍋で時短をしても、カレーの出来上がりは遅くなってしまいます。

「自分はそんな失敗しない」と思ったあなたも、学校でこんな経験はないでしょうか。


朝出勤するとデスクが書類で溢れていた。仕分けをしている最中に朝の会議が始まり、打合せの内容を聞き漏らしてしまった。

2時間目の授業が終わって職員室に戻ると、「朝の会議で言ってた書類もう書いた？〆切今日らしいよ」との情報。あわてて書類を探し出すも、5時間目までは授業が一杯で着手できず、放課後によく考えもせずに記入・提出してしまった。

一息ついて自席に戻ると、散らかったデスクから一枚の書類を発見。嫌な予感がしながら中身を見ると、大会の申し込みが本日〆切。効率化のために学んだショートカットを駆使して大急ぎで書類を作成し、決裁をもらいに校長室に駆け込んだが、午後出張で不在。

そういえば、朝の会議で「校長午後不在です」と聞いたような気がする。

仕方なく先方にお詫びの電話を入れ、翌日決裁をもらって郵送したが、自分の不甲斐なさと段取りの悪さに落胆した。


この事例が示すのは、作業スピード（ショートカットの活用）より、スムーズな段取りの方が時間に与える影響は大きいということです。

段取り力は、「1日の仕事をどの順序で行うか」「1週間のスケジュールをどうするか」

「1か月のプロジェクトをどういう工程で進めるか」など、スケジューリングする際の基盤となるものです。

ここではワークを通して仕事の段取りや優先順位を考えてみましょう。

ワーク2　1日の仕事の段取りを考える

では、早速「段取り力」を磨いていきましょう。

次頁の表の12のタスクは、どの順序で行うのがもっとも効率的でしょうか。タスクの優先順位（作業順）を記入し、1日のスケジュールをイメージしてみましょう。

条件

- 現在、朝の打合せ20分前
- 空きコマは1・5・6校時（50分授業）
- 6校時終了時刻　15時30分
- 会議予定　16時～16時30分
- お迎えのため残業不可（17時退勤予定）

では、私の1日の段取りを紹介します。まず、この状況で考えるべきは劣後順位、つまり「どれを捨てるか」です。定時退勤の場合、空き時間3コマ（150分）＋放課後（60分）＝210分ですべてのタスクを完了するのは、物理的に不可能だからです。

放課後は、突発の生徒対応が入るかも知れませんし、会議後には資料の整理や担当者間で即席のミーティングをする可能性もあります。

ここでは「時間ベース」の働き方を意識して段取りをしましょう。それを踏まえ、本日中に必ず完了すべきタスクは、次のように整理できます。

①明日の授業準備／②玄関付近で来校者を発見／③本日の会議の資料作成／④1日の予定とタスクを書き出す／⑦相談したいと訴えのあった生徒の対応／⑩欠席生徒の保護者への連絡／⑫教育委員会からの催促メール

【ワーク2】1日の仕事の段取りを考える

NO.	タスク	所要時間	作業順
1	明日の授業準備	60	
2	出勤後まもなく玄関付近で来校者を発見	未定	
3	本日の会議で使用する資料の作成	30	
4	1日の予定とタスクを書き出す	5	
5	新採用の先生への授業フィードバック	10	
6	2週間後のプレゼン準備	180	
7	相談したいと訴えのあった生徒の対応	未定	
8	管理職からの「なるべく早く」と言われた口頭での報告	未定	
9	昨日の研修の報告書作成	20	
10	欠席生徒の保護者への連絡	5	
11	来月の部活のスケジュール作成	40	
12	教育委員会から「提出物が未着です。至急メールしてください」との催促。提出物は作成済み。	10	

これ以外のタスクは、翌日以降でも構わないでしょう。むしろ、忘れた方が脳への負荷が軽減されて仕事がはかどるかも知れません。

以下、1日の作業を時系列で見ていきましょう。

◆朝の打合せ前

② 玄関付近で来校者を発見

来校者の対応は真っ先に行います。「こんにちは。ご用件は伺っていますか?」と声がけし、必要があれば担当者へ取り次ぎます。授業直前など対応が難しい場合も、最低限の挨拶は行いましょう。

④ 1日の予定とタスクを書き出す

次は1日の予定を把握します。効率よく仕事を進めるために、早い段階でスケジュールとtodoリストを書き出し、タスクにヌケモレがないか確認します。

⑦ 相談したいと訴えのあった生徒の対応

「○○さんへ　相談の件ですが、15時40分に職員室に来てください。もし急ぎであれば、朝のSHR後も対応できます」というメモを作成し、担任から生徒へ渡してもらいます。

また、新採用の先生に昼休みの予定を聞き、時間が合いそうならランチミーティングのアポを取ります。NGの場合は翌日にリスケジュールします。

◆朝の打合せ終了後

⑧　管理職からの「なるべく早く」と言われた口頭での報告

打合せ終了後、すぐに管理職をつかまえます。ただし、実際の報告はしません。業務が立て込んでいる旨を説明し、報告を翌日に延ばすことができるか相談します。可能であれば、翌日の予定に追加し、本日中ならその場で報告を行います。

◆1校時

⑫　教育委員会から「提出物が未着です。至急メールしてください」との催促

次に、教育委員会への提出物をメールで送信します。今回のケースでは提出期限を過ぎていますので、最優先で対応すべきと感じるかも知れませんが、私は1校時終了までにメールができれば十分だと思います。

なぜなら、返信のタイミングは、朝一番でも1校時（時間差は最大で1時間ほど）でも先方には大きな違いはないからです。

「至急」というのは方便であって、真意は「まだ未提出だから早く出してくださいね」程度の

ものがほとんどでしょう。1時間を争う切羽詰まった状況なら、メールでなく電話がかかってきます。開き直るわけではありませんが、先方に大きな影響が出ない範囲であれば、段取りを優先した方がいいと思います。

ただし、先方が「午前中に提出物をそろえて、午後に集約する」という段取りをしている可能性は考えられます。こちらの空きコマが1・5・6校時なので、返信が午後（5・6校時）とならないよう、1校時終了までに返信することは最低限のマナーでしょう。

① 明日の授業準備

1校時の残り時間で明日の授業準備をします。教育委員会へのメールに時間を割いたため、ここでは1校時＋5校時で授業準備を完了させる段取りを組んでおきます。

この段取りに対し、「なぜ授業準備を細切れにするの？」「1校時は細かいタスクを完了させた方が効率的では？」「授業準備は5・6校時にまとめてやりたい」と思う人もいるかも知れません。しかし、以下の理由から、私は1校時に授業準備をした方がいいと考えています。

・脳科学的には、午前中はクリエイティブ系の仕事のゴールデンタイム
・トラブルにより、5・6校時に授業準備できなければ、残業または持ち帰りが確定する
・インプットした情報は一度「寝かす」とアイディアが生まれやすい（5校時で後述）

午前中のスキマ時間を有効活用し、生産性の高い働き方を追求していきましょう。

◆昼休み

⑤　新採用の先生への授業フィードバック（翌日でも可）

新採用の先生にアポが取れていれば、ランチミーティングを行います。時間を有効活用できるだけでなく、リラックスしてフィードバックできるため、会話も弾み一石二鳥です。

ただし、食事など「本能的な行動の最中には感情が出やすい」とも言われるので、言動には留意して若手を育てる意識で話をすることが大事だと思います。

ミーティングが終わり次第、授業中（不在時）にデスクに置かれた書類やメモに目を通し、スケジュールや todo リストに組み込みます。

その後は午後の流れを確認し、休憩をとって5校時に備えましょう。

◆5校時

①　明日の授業準備（続き）

1校時に完了できなかった授業準備をこの時間に行います。

前述の通り、授業準備などの重たい仕事は、まとまった時間で行いたい人が大半だと思います。しかし、仮に2時間かかる仕事があって、1時間しか工面できない場合も、その仕事に着手した方がいいケースがほとんどです。

理由は、「そもそも2時間まとめて工面することが困難」「インプットした情報を寝かすとよいアイディアが湧きやすい」ことなどです。

脳は、考えを中断している間も潜在意識で考え続け、リラックスしたり、ぼーっとしたりしている時にインプットした情報が整理・統合され、ひらめき（アハ体験）が起こりやすいと言われます。

一度授業準備をやめて、考えを中断した方がよいアイディアが生まれやすいのです。

昼食後は集中力が低下するため、別室で作業をしたり、ポモドーロ・テクニック（※後述）を使ったりして、一気に授業準備を終わらせましょう。

授業準備が終わったらコーヒーブレイクで一息入れるのが私の日課です。

◆6校時

③ 本日の会議で使用する資料の作成

授業準備に目途がついたら会議資料の作成です。所要時間30分の資料なので、会議は簡易的なものでしょう。それなら、完成度にこだわる必要ありません。60点を目指して必要な情報のみ記載します。情報が手薄な箇所は、口頭で補足すればＯＫです。

◆15時40分

⑦ 相談したいと訴えのあった生徒の対応

16時から会議である旨を伝え、面談の終了時間を15時55分に設定します（緊急性がある場合は、面談を優先させることもあります）。この時間で対応が可能な案件は、その場で解決し、継続的にフォローが必要な場合は、また後日に面談の約束をします。

◆会議後（16時30分）

会議の決定事項ついて、担当者間で即席のミーティングを行います。「今後の流れの確認」「必要なタスクの洗い出し」「担当者の決定」「〆切の確認」などを行うことで、その後の作業がスムーズに進みます。

⑩ 欠席生徒の保護者への連絡

欠席生徒が一人であれば保護者へ電話をかけます。生徒の様子を確認し、翌日の予定などを伝えます。電話が繋がらなければ「欠席連絡用のテンプレートメール（※後述）」を送ります。

◆退勤間際（16時55分頃）

月間予定表で翌日の予定を確認し、翌日のスケジュールと todo リストを作成します。本日中に処理しきれなかったタスクは、翌日の todo リストに追加しましょう。これで今日の業務は終了です。お疲れさまでした。

◆筆者の作業順（優先順位）

以上が私の作業順となります。段取りは、時間割や関係者の状況よって変わる相対的なもので、絶対的な正解はありません。

それでも、効率的な段取りを考えることは段取りの妥当性を高め、スケジュールを立てる力を養います。

なお、ここではケーススタディのために、あえて追い込まれた状況を設定しましたが、「段取り」の基本はこうした状態を作らないことです。

例えば、下表のような対応ができていれば、残りのタスクは12から８へ減るため、仕事の見通しもずいぶん変わってきます。

このように、スケジュールが滞りなく流れていくように、仕事の進め方を考えることが「段取り」なのです。次項では「段取り力」を高めるための優先順位について考えたいと思います。

優先順位を考える

タスクの優先順位を考えるフレームワークは「時間管理マトリクス」が有名です。

次頁の図のように、縦軸に「重要度」、横軸に「緊急度」をとり、それ

効率のよい段取り

現状	改善策
3　本日の会議で使用する資料の作成	前倒しで作成する（緊急化させない）
4　１日の予定とタスクを書き出す	前日の終業時に書いておく
9　昨日の研修の報告書作成	研修中に報告書を作成
12　教育委員会からの催促メール	スケジュールで〆切の管理。納期厳守

ぞれ「高い」「低い」で4象限を作ります。ここでは4象限を次のようにします。

A　緊急かつ重要
B　緊急でないが重要
C　緊急だが重要でない
D　緊急でも重要でもない

これを踏まえて、次のワークに取り組んでみましょう。

ワーク3　教員のタスクを時間管理マトリクスで分類

次頁の表の10個のタスクをマトリクスのA～Dに分類しましょう。

P91の図が私の分類です（1～10以外のタスクも補足）。私は、4象限を以下のように定義しています。

A　緊急かつ重要　→　緊急対応
B　緊急でないが重要　→　投資
C　緊急だが重要でない　→　消費
D　緊急でも重要でもない　→　浪費

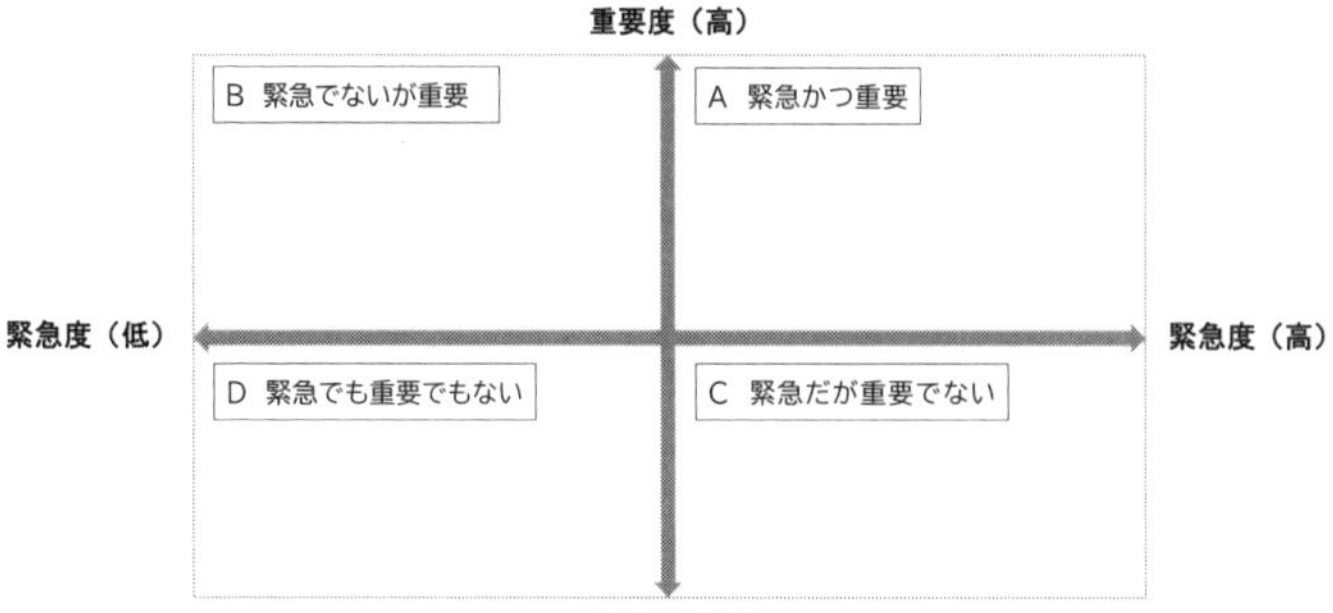

時間管理マトリクス

A～Dのタスクの優先順位は、「A→C→B→D」と考える人が多いと思います。

しかし私は、できる限り「A→B→C→D」の順、つまり「C緊急だが重要でない」より「B緊急でないが重要」を優先すべきと考えます。

なぜなら、「B緊急でないが重要」こそ、生産性向上に直結するタスクであり、これを劣後させるとタスクの実行はほぼ不可能だからです。

このマトリクスは、別名「アイゼンハワーマトリクス」と呼ばれます。アメリカ大統領として分刻みのスケジュールをこなしていたアイゼンハワーが愛用していたことから、その名が付いたと言われます。アイゼンハワーはこう言っています。

「もっとも決断を急ぐべき案件が、もっとも重要な案件であることはほとんどない」

つまり、「緊急な案件の大部分は重要ではない」ということです。

したがって、「緊急」の案件は素早く適切に処理し、「重要」な案件に注力することが生産性の高い働き方の基本路線になります。しかし、人間は緊急度の高い案件を本能的に重要と思い込み、本当に重要なタスクを後回しに

【ワーク3】教員のタスクを時間管理マトリクスで分類

1	教材研究	6	生徒のケガや事故
2	クレーム対応	7	書類の再提出（至急）
3	上司からの割り込み仕事	8	おしゃべり
4	ムダな会議	9	研修やセミナー
5	欠席生徒の保護者連絡	10	メールの返信

する傾向があります。そのため、重要なタスクを機械的に実行する仕組みが必要なのです。

次頁では、A～Dのタスクに取り組む際の留意点を明らかにした上で、生産性を高めるための仕組みについて解説したいと思います。

ワーク3の補足

時間管理マトリクスを活用する際は、必ずすべてのタスクを書き出した（一覧化）後に分類しましょう。タスクの緊急度・重要度を見分けるには、タスク同士を比較する必要があります。よくある「すべて緊急（重要）」に見える問題は、一覧化してないことが原因です。

さらに、タスクを「考える↓分類する↓考える↓分類する」のように交互に行うと、マルチタスクとなって作業効率も低下します。

そのため、時間管理マトリクスを活用する際は、

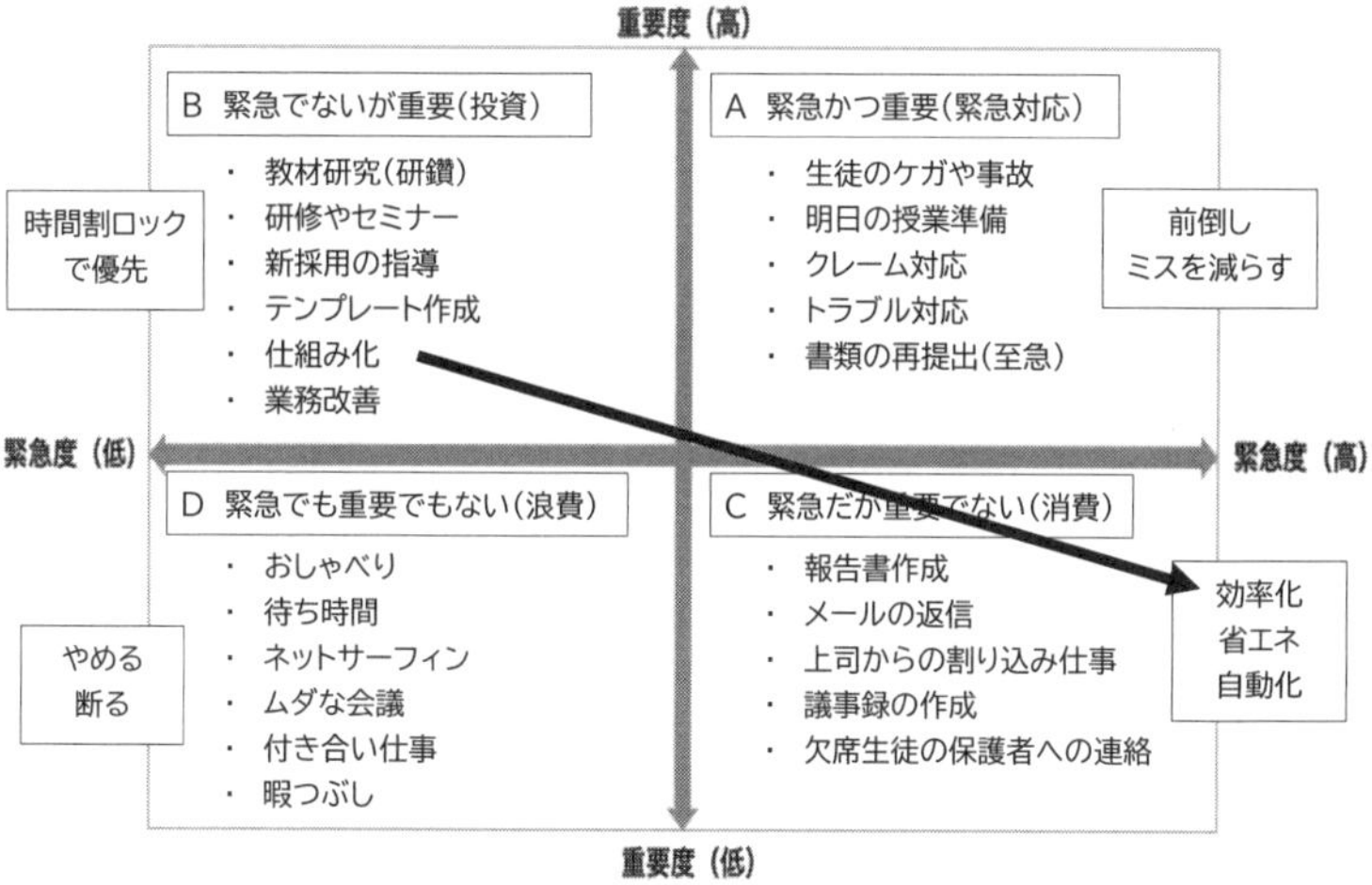

時間管理マトリクス（項目あり）

すべてのタスクを書き出し、その後に一括で分類する必要があるのです。

●「A緊急かつ重要」なタスクは最少化せよ

「A緊急かつ重要」なタスクは、生徒の安全にかかわることやトラブルへの対処であることが多く、最優先で行う必要があります。しかし、効率よく仕事をするためには、「なぜ緊急化しているのか」を考えることも大切です。

例えば、ケガや事故は不可抗力のトラブルですが、「書類の再提出（至急）」は、ミスがなければ緊急化しなかったはずです。また、タスクの緊急化はスケジューリングの問題なので、前倒しで完了させれば未然に防ぐことができます。

つまり、「A緊急かつ重要」なタスクは段取り次第で最少化することができるのです。

こうして緊急対応の時間を削減し、「B緊急でないが重要」な作業の時間を増やしていくことが理想です。

「A緊急かつ重要」なタスクは最少化しつつ、最優先で着手するよう心がけましょう。

●「B緊急でないが重要」な仕事こそ自分への投資

教材研究（授業の研鑽）／研修／仕組み化／効率化／マニュアル作成 業務改善／テンプレート作成／新採用への指導

これらは、多忙な学校では後回しにされがちなタスクです。しかし、中長期的に見れば、大きなリターンを生む重要な仕事です。なぜなら、これらのタスクへの「投資」が「C緊急だが重要でない」タスクを効率化し、作業時間を短縮するからです。

例えば、メールのテンプレート作成は「B緊急でないが重要」なタスクですが、「欠席生徒の保護者連絡（図表参照）」「業者への見積もり依頼」などのメールをテンプレート化すれば、それらのタスクを短時間で処理することができます。

欠席生徒の保護者連絡をメールで行う場合、「複数の保護者へBCCで一括送信ができる」「電話がつながるまで何度も（遅い時間まで）かけ直す必要がない」「履歴が残るため、聞き間違いのトラブ

◎◎さんの保護者様

お世話になっております。○○高校の××と申します。
本日◎◎さんがお休みでしたのでご連絡しました。

◎◎さんの様子はいかがでしょうか。
何か心配な点があれば、ご遠慮なく学校にお問い合わせください。

明日の予定は、
・
・
となっています。

準備が必要なものは、
・
・
です。

それでは明日学校でお待ちしていますと、
◎◎さんにお伝えください。

よろしくお願いいたします。

追伸

□□□■■□□□■■□□□■■□□□■■
○○立○○高等学校
３学年　×××太郎
住所　東京都渋谷区●●●●●
TEL 03-3464-●●●●

欠席生徒の保護者連絡

ルを防止できる」などのメリットもあります。

しかも、テンプレートは一度作ると、半永久的に使い続けることができます。5分の電話連絡が1分のメールで済むとすれば、一人あたり4分の時短です。1か月でのべ30人の欠席者がいた場合、1年間では、4分×30人×10か月（課業期間）＝1200分（20h）の時間を生み出すことができるのです。

ルーティンを効率化すれば、レバレッジも大きく、効率化（テンプレート作成など）に費やした時間の何十倍・何百倍の時間がかえってきます。資料の完成度を上げるために時間を費やすなら、その時間を「効率化」に「投資」する方が生産性は高いのです。

なお、「B緊急でないが重要」の時間を最大化する方法は、第5章のスケジュール管理（時間割ロック）で解説します。

●「C緊急だが重要でない」タスクは省エネ化

「C緊急だが重要でない」タスクは、効率化や自動化して、できる限り省エネで取り組む必要があります。テンプレート化・仕組み化によって、短時間でタスクを終えましょう。

また、タスクを緊急化させないように、〆切を常に意識しながら余裕をもったスケジューリングを行うことも大切です。

●「D緊急でも重要でもない」ことはやめる

「D緊急でも重要でもない」ことは積極的に「やめる」ことが基本です。

P・ドラッカーも「元々やらなくていいことを効率よくやることほどムダなことはない」と言っているように、ムダを見きわめ、その時間を圧縮することが大切です。

例えば、情報共有がいつの間にかおしゃべりになっていたら、「そろそろ部活を見てきます」「保護者に連絡があるので一旦失礼します」と断って上手く離席しましょう。

また、会議の生産性が低ければ、会議を思考トレーニングの場として活用してみましょう。「議論の内容を構造化する」「自分なりのロジックツリーを書く」「仮説をもって議論に参加する」などを意識すれば、何かしらの学びはあるものです。

ただ、浪費はやめると言っても、先生方と会話を楽しんだり、リラックスしたりする時間は大事です。ひらめきやアイディアは、「ゆとり」の中で生まれるものだからです。

ムダな時間とは、得るものがない時間のことだと思います。時間をムダにしないために今できることを考え、行動に移していきましょう。

時間管理マトリクスの盲点

「優先順位を考える」では、優先順位の付け方として、時間管理マトリクスによる分類を解説しました。時間管理マトリクスはタスクの整理に最適なツールです。しかし、このツールにはいくつか盲点もあります。
以下、時間管理マトリクスの留意点を補足したいと思います。

●時間管理マトリクスの本来の目的

まず、時間管理マトリクスの目的について考えてみたいと思います。時々「忙しくてマトリクスを使う暇がない」と聞くこともありますが、マトリクスは「手段」なので、使わずに目的達成できるなら無理に使う必要はありません。

では、時間管理マトリクスの目的は何かと言えば、次の「アクション」を「判断」することです。例えば、受け取ったタスクを、

・「クレーム対応」↓「A緊急かつ重要」↓すぐに対処する
・「教材研究」↓「B緊急でないが重要」↓毎日必ず実行する

のように「分類」できれば、次のアクションとして、「すぐに処理すべきか」「なるべく簡素化すべきか」「やらない選択もあるのか」「あえて寝かせておくべきか」などの判断ができるようになります。

こうした判断が瞬時にできるようになるには、マトリクスに慣れるための時間が必要ですが、そこで身に付けた力は段取り力の基盤となります。

本書メソッドで生み出した時間をぜひマトリクスの活用に投資してみてください。

●「同一カテゴリー」の中にも優先順位は存在する

時間管理マトリクス最大の課題は、同一カテゴリーにおいてタスク間の優先順位が見えないことです。例えば、ワーク3の「メールの返信」「上司からの割り込み仕事」「書類の再提出」「欠席生徒の保護者連絡」は、いずれも「C緊急だが重要でない」タスクですが、この内どれを優先するかまでは、時間管理マトリクスでは判断できないのです。

優先順位が付かなければ、作業順をスケジュールに落とし込むこともできません。

次項では、効率的な段取りを組むためのヒントとして、優先的に着手すべきタスクについてお伝えしたいと思います。

再度手元に戻ってくる仕事

まず、優先したいのは作業後に、再び自分に戻ってくるタスクです。

例えば、あなたが「年間行事予定」の担当者だった場合、「1　年間行事予定表のフォーマット作成（あなた）」→「2　分掌・学年などが年間予定を入力（他者）」→「3　2をまとめて年間行事予定（仮）を作成し、職員会議で決裁を得る（あなた）」という流れで仕事が進んでいくと思います。

この時、作業者は「1あなた→2他者→3あなた」となります。そのため、もし「1あなた」や「2他者」の作業が遅れた場合、「3あなた」の作業期間を圧迫してしまいます。

したがって、再度手元に戻ってくるタスクは優先的に着手し、できるだけ早く相手にボールを渡す必要があるのです。

ステータスが変化した仕事

ステータスが変化した仕事も優先度を上げる必要があります。ステータスの変化とは、「タスクに関連するトラブルの発生」「管理職の意向」「確認作業の前倒し」「会議への急ぎの提案」などによって、〆切が前倒しとなるようなケースです。

こうした状況の変化により、緊急度が上がったタスクは、好むと好まざるとにかかわらず、優先的に着手する必要があります。現在の作業状況やスケジュールなどを踏まえ、先方と相談して〆切日を再設定しましょう。

クリティカルパス

作業完了までにもっとも時間のかかるタスクから着手する方法もあります。

例えば、料理の手順で考えてみましょう。カレー作りのタスクと所要時間が次の表の場合、カレーは最短何分で完成するでしょうか。

正解は42分です。A〜Hはカレー作りに必須の工程ですが、所要時間が78分（A〜Hの合計）

でないのは、タスクの待ち時間に並行作業ができるからです。

例えば、「Ｇ炊飯」「Ｄ煮る」などの工程は待ち時間があるため、その間に他のタスクを完了させれば、カレー作りの時間を短縮することができます。この理屈を作業工程のフロー（ＰＥＲＴ図）で解説すると次頁のようになります。

プロジェクトにおいて、もっとも時間がかかる工程のことを「クリティカルパス」と言います。この場合、「Ｆコメを研ぐ」↓「Ｇ炊飯」↓「Ｈ盛り付け」の工程（42分）が「クリティカルパス」です。

クリティカルパスがもっとも時間のかかる工程ということは、その作業中に他のタスクを完了させれば、「クリティカルパスの完了＝全作業の完了」となります。

したがって、カレー作りの所要時間（最短）は、「１分（タスクＦ）＋40分（タスクＧ）＋１分（タスクＨ）＝42分」となるのです。

もし、炊飯器のスイッチを入れ忘れ、「Ｇ炊飯」に20分の遅れが生じると、カレーの完成がそのまま20分遅れることになります。

逆に、「Ａチーズを切る」が遅れても、「Ｆコメを研ぐ」↓「Ｇ炊飯」の41分以内に完了で

カレーの所要時間

タスク	所要時間
A.　チーズを切る	1分
B.　具材（野菜と肉）を切る	5分
C.　具材を炒める	5分
D.　煮る	10分
E.　ルーを入れる	15分
F.　コメを研ぐ	1分
G.　コメを炊く（炊飯）	40分
H.　盛り付ける	1分
カレーが出来上がるまでの時間	？？？

きれば、全体が遅れることはありません。

つまり、クリティカルパス以外の遅れはリカバリーできますが、クリティカルパスの遅れは作業遅延に直結する、ということです。

したがって、最短で作業完了するためには、クリティカルパスを先に走らせながら、並行して他の作業を実行することが重要になります。

クリティカルパスを見抜き、優先的に着手する段取りを組みましょう。

「待ち時間」のある仕事は組み合わせる

「再度手元に戻ってくる仕事」の応用になりますが、「待ち時間」のある仕事は組み合わせることで所要時間を短くすることができます。

例えば、次頁（上の図）のA～Cのタスクがあった場合、どの順序で着手するのがもっとも効率的でしょうか。

結論は「B→C→A（またはC→B→A）」の順で、一番や

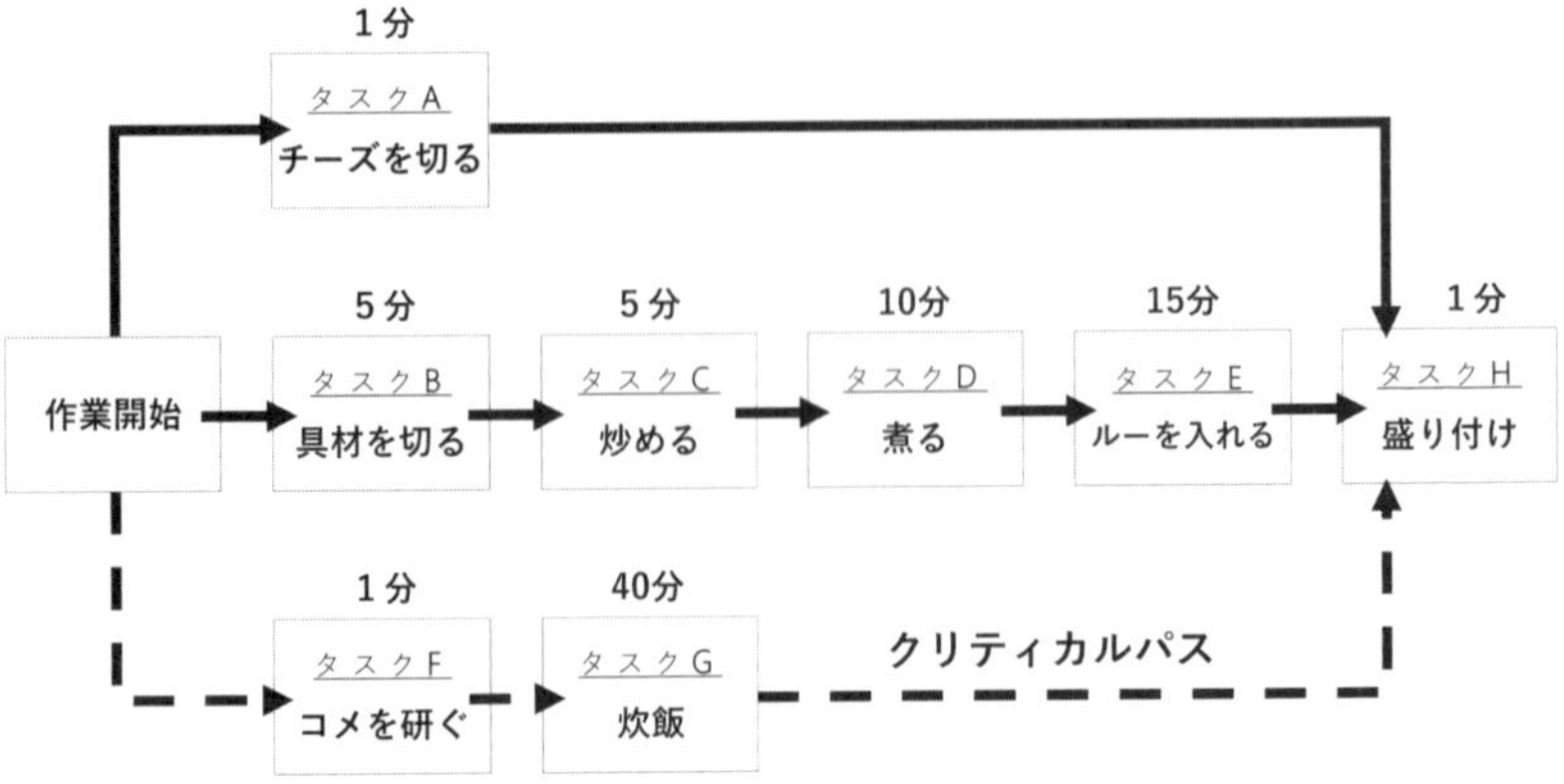

クリティカルパス（PERT図）

ってはいけないのはAから着手することです。その理由を下図（下の図）で解説しましょう。

タスクAは自分の作業のみで、B・Cは作業の合間に待ち時間があります。

そこで、タスクB（作業①）から着手し、その待ち時間にタスクC（作業②）を、タスクCの待ち時間にタスクA（作業③）を行うのです。

そうすれば、待ち時間を「待たずに」最短でタスクを完了させることができます。

ここでのポイントは、

・トータル（作業＋待ち時間）で時間のかかるタスクを先に開始する
・そのタスクの待ち時間を使って他のタスクに着手する

となります。複数のタスクを同日に処理する必要がある時は、「トータルの作業時間」「待ち時間」などを見積もって段取りを組むと、効率的なスケジュールを組むことができます。

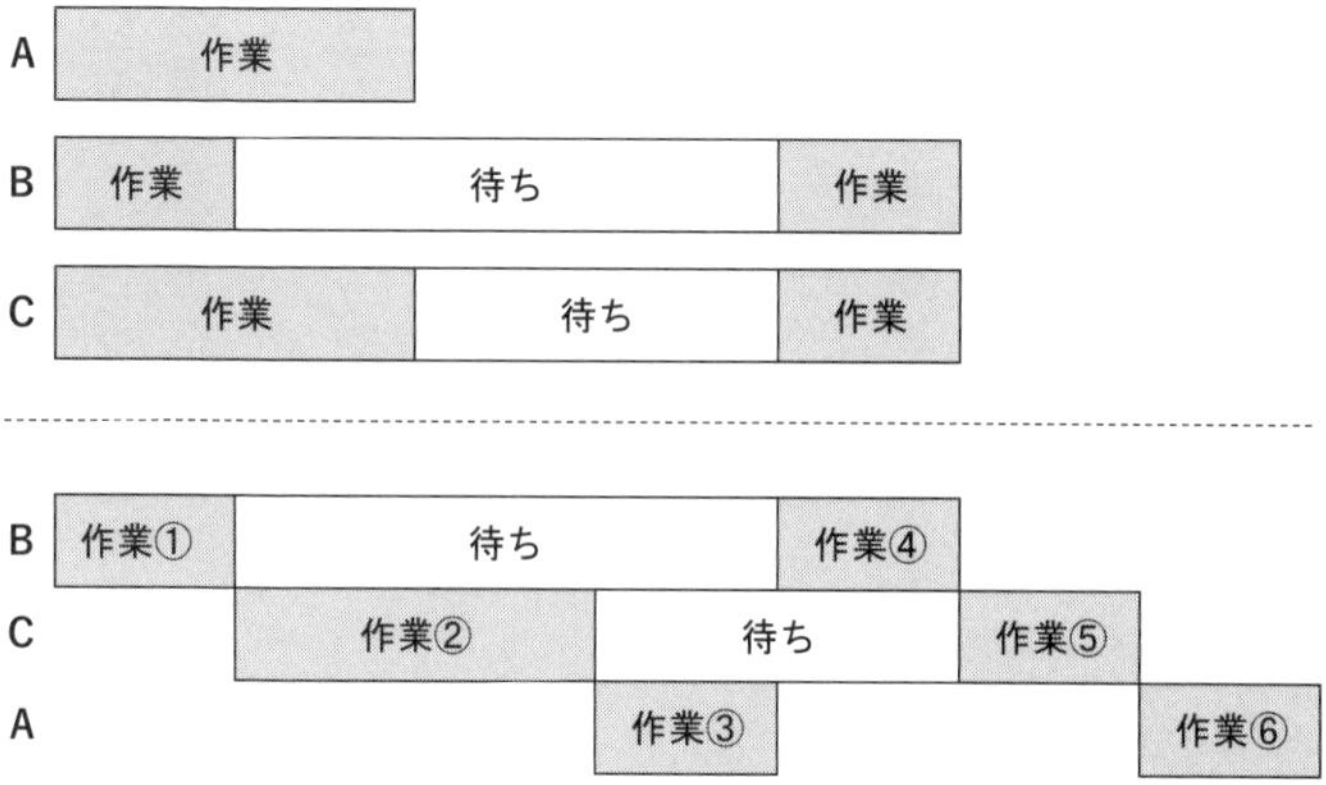

待ち時間のあるタスク

優先順位のマイルール

ここまでお伝えしてきたことは、「何に注力し、何をやめるか」という優先順位の話です。では、あなたが優先すべき仕事は何でしょうか。日々膨大な業務に追われていると、優先順位に迷うこともあります。そんな時は、「あなたにしかできないこと」「あなたにとって価値があること」「心の底からやりたいと思えること」を大切にしてみてください。

もちろん、定型業務を滞りなく行うことは大事です。しかし、与えられた仕事をただこなすだけでは面白くありません。せっかく志をもって教職の道を選んだのですから、「これぞ」と思う仕事に注力して欲しいと思います。

ここでは、優先順位のマイルールを持つために、

・重要なものを優先することの重要性↓ビッグロックの法則
・重要な価値観を見出すためのヒント↓アイデンティティの法則
・重要なことに注力するためのメソッド↓アイビー・リー・メソッド

を紹介したいと思います。

ビッグロックの法則

「優先順位」については、このような例え話があります。


男は、おもむろにビンを取り出しました。５００cc計量カップほどのビンです。

すると男はビンにゴルフボールを入れ始めました。

ゴルフボールでビンが一杯になると、男は聴衆に問いました。

「これで満杯？」

聴衆は何が始まったのか見当もつかず、返事ができません。

次に、男は小石を取り出し、ビンへと注ぎました。小石は、ゴルフボールの隙間を埋めるように広がっていきます。男は、さらに問います。

「これで満杯かな？」

聴衆は小さく頷きます。

すると、男はビンに大量の砂を入れ、ビンの中を砂で埋め尽くして問いました。

「今度こそ満杯？」

聴衆は「そうだ」と答えました。

男はビンにビールを注ぐと、ビンはゴルフボール、小石、砂、ビールで満たされ、今度こそ何も入らない状態になりました。

聴衆が「何をしているのか?」と尋ねると、男は、このビンは「時間」を意味しているのだと言いました。ビンが満たされた時に「人生」が終わる、と。

そしてゴルフボールは、「家族や友人、プライベート」などもっとも大切なもの。

小石は「仕事やお金」など、ある程度大切なもの。

砂はそれ以外の「些細」なもの、と言い、さらに続けました。

もし砂を先に入れたら、ゴルフボールや小石が入る場所がなくなる。

重要じゃないことに時間を使うと、本当に大切なものに使う時間がなくなってしまう。

自分の人生に何が必要なのかを整理しなくてはいけない。

ゴルフボール(もっとも大切なもの)を優先しよう。

優先順位をつけることが大切なんだ――。


このエピソードは「どんなに忙しくてもビールを飲む時間はある」というオチの付いた人生における優先順位の話ですが、理屈は仕事でも同じです。限りある時間の中で、あなたにしかできない仕事を見つけ、それを優先することが大切なのです。

――あなたにとっての「ゴルフボール」は何ですか?

ワーク4　「アイデンティティの法則」

優先順位の重要性は分かっていても、自分が持っている価値観まで理解している人は意外に少ないものです。その証拠に、「大切なものは家族」という人が家族のために必死に働いて、気付けば家族との時間がまったくなかった、というのはよくある話です。あるいは、日々の仕事に忙しく、「大切なもの」を考える暇がない人もいるかも知れません。

そこで、あなたの価値観を知る手がかりに「アイデンティティの法則」を紹介します。

「アイデンティティの法則」とは、リーダーシップ論の専門家で、バラク・オバマ元大統領のメンターでもあったジョン・C・マクスウェル氏が考案したメソッドです。

この手法は、5分ほどの内省で自分の価値観を明らかにすることができます。

アイデンティティの法則

1　38項目の中から、あなたが大切にしている価値観6つに○を付ける
2　○を付けた6つの価値観の中から、特に大切なもの3つに○を付ける
3　○を付けた3つの価値観の中から、特に大切なもの2つに○を付ける
4　2つのうちどちらがより大切かを考え、ナンバーワンを決める

38 のアイデンティティ

1. 責任（行動と結果に責任を持つ）
2. 達成（最高水準を目指す）
3. 権力（意思決定についての権力を持つ）
4. 平衡（仕事、家庭、趣味のバランスを取る）
5. 変化（現状に満足せず、改善のための違った手法を試す）
6. コミット（仕事などに対して心から関与すること）
7. 能力（スキルや必要な力を磨くこと）
8. 勇気（新しいことにチャレンジしたり、リスクを厭わない勇気）
9. 創造力（既存の概念にとらわれず、クリエイティブする力）
10. 顧客満足（顧客から喜ばれることを目指す）
11. 多様性（様々な文化に触れ、柔軟に受け入れる）
12. 効果的（結果を得るためのより良い方法を考える）
13. 効率（無駄なく、効率的に結果を出す）
14. 公正（偏りがなく正しいこと）
15. 信念／宗教（信仰するもの）
16. 家庭（家族とどれだけ充実した時間を過ごせるか）
17. 健康（心身の健康）
18. 楽しみ（楽しく人生を過ごすこと）
19. 成長（自分の成長に投資する）
20. 正直さ（嘘をつかないこと）
21. 独立（他者の影響や指示を受けず自分で決断する）
22. 誠実／高潔（どんな状況でも誠実でいること）
23. 知識（経験や学習を通して専門性を高める）
24. レガシー＝遺すもの（自分が将来に何を残すことができるか）
25. 忠誠（人、仕事などへの忠誠）
26. 金銭／財産（経済的な豊かさ）
27. 情熱（ワクワクする気持ち、やる気）
28. 完璧（ミスなく完璧であることを目指す）
29. クオリティ（質の高い仕事、質の高い商品）
30. 表彰（自分の価値が認められ、その証として表彰されること）
31. シンプル（簡単に、無駄を省くことを追求）
32. 地位（役職、ステイタス）
33. 形式（きちんとしていること）
34. チームワーク（グループ、チームで一致団結すること）
35. 信用（信頼されること、信用を裏切らないこと）
36. 緊急（すばやい行動）
37. 奉仕（他者へ奉仕することへの喜び）
38. 智恵（正しい判断のための深い理解）

アイデンティティの法則は、大切な価値観を絞り込む簡単な方法ですが、自分を見つめ直し、優先順位を明確化する手がかりになります。

個人の価値観は年齢や環境によっても変化します。例えば、20代はバリバリ働いて、仕事もプライベートも充実させたい人は、「達成」の価値観が大事かも知れません。その人が30代になり、家族を持てば「家庭」が大切だと思うこともあるでしょう。

また、「家庭」が大切にもかかわらず、その時間がもてないほど忙しければ、価値観が「効率」や「独立」へと変化する可能性もあります。

このように人の価値観は環境によって変化するため、定期的に「アイデンティティの法則」を活用して、内省を深めることをおすすめします。

アイビー・リー・メソッド

大切な価値観を確認したら、その価値観に基づいた働き方をすることで職業人としての満足度は高まっていきます。では、どうすれば「重要なことに注力」できるのでしょうか。

ここでは、その方法論として「アイビー・リー・メソッド」を紹介します。

アイビー・リー・メソッドは、今から100年ほど前に鉄鋼会社ベスレヘム・スチールの社長チャールズ・M・シュワブに対し、アイビー・リーが提唱した生産性向上のメソッドです。

「もっと重要なことをしたいが、日々の雑務に追われてできない」というシュワブに、アイビー・リーはこう言いました。

「仕事の能率を50％以上向上させる方法を20分でお教えしましょう」

アイビー・リーは、シュワブにその方法を伝えると、

「この方法に満足されたら、その価値に相応しい額面の小切手をお送りください」

と言ったそうです。数か月後、結果に満足したシュワブは、アイビー・リーに25，000ドル（現在の価値で4000～5000万円）の小切手を送ったといいます。

シュワブも晩年は不遇を味わっており、この逸話にも誇張や演出はあると思いますが、シュワブが成功を収め、アイビー・リーが対価を受けたことは事実です。

では、仕事の能率を50％も上げるメソッドとはどのようなものでしょうか。

アイビー・リー・メソッド

① 明日やるべきタスクを6つ書き出す
② 仕事の「重要度」が高い順に1～6まで番号を付ける
③ 翌朝、1つタスクに集中し、1番から順にこなしていく
④ 1番が終わるまで決して2番以降に取り組んではいけない
⑤ 時間一杯まで作業し、未完了のものは翌日の6つのタスクに含める

驚くほど単純ですが、これがメソッドの全容です。この方法が成功を収めた理由は、「判断の負荷」を軽減し、作業に集中できたことと言われます。

コンビニのドリンクコーナーから、商品ラインナップを減らすと、逆に売上が伸びたというのは有名な話で、選択肢が少ない方が人は行動しやすいのです（選択回避の法則）。

ただ、そうは言っても、「仕事は6つでは収まらない」「緊急対応で作業順は変わる」「すべての仕事が終わらなかったらどうするのか」と思う人もいると思います。

実際、私も同感です。しかし、アイビー・リーは言います。

「すべての仕事を終えることができずに1日を終えてもいい。なぜなら、もっとも重要な仕事は先に済ませているのだから。この方法で仕事をやり遂げられないのなら、他のいかなる方法をもってしても不可能である」と。

アイビー・リー・メソッドは、100年以上前のメソッドであり、変化が激しく、スピードも異なる現代でそのまま利用するのは難しいかも知れません。しかし、重要なことに注力するのが難しい現代だからこそ、その解決に一つの道筋を示すこのメソッドには一定の価値があるのではないかと思います。

ワーク5　自身の働き方を見直す

ここからは優先順位のマイルールを踏まえ、あなたが優先すべき業務に注力するために、

「どの業務を改善（削減・効率化）すればいいのか」を考えていきましょう。

STEP1　業務改善（削減・効率化）の目的と削減目標を書き出す

最初に行うのは、業務改善（削減・効率化）の目的の明確化です。目的を明確化することは、業務改善の手段を考える上で重要な指針となります。

例えば、「教材研究の時間を確保すること」が目的なら、その時間は削れませんが、「とにかく残業を減らしたい」のであれば、教材研究も削減対象となるでしょう。

このように目的の明確化は、取捨選択する際の「判断の拠りどころ」になるのです。以下のワークシートに、業務改善の目的・目標を記入しましょう。

STEP2　1週間の働き方を「見える化」する

次に、1週間の業務の記録を取り、働き方を「見える化」します。

「忙しさの原因」や「改善のポイント」を明らかにするためには、働き方を見える化し、現状を分析する必要があります。

例えば、ショートカットは時短の王道ですが、もし資料作成が1日10分なら、ショートカットを活用しても大した効果は見込めないでしょう。

働き方改善目標シート

【業務改善の目的】あなたは何のために働き方を見直すのですか？	削減目標
● ● ●	1日 分

しかし、ダラダラと実りのない会議が毎日のように繰り返されているなら、会議を改善する余地は大きくなります。働き方の見える化によって、感覚でなく事実（記録）に基づいた判断ができるため、メスの入れどころを外すことがなくなるのです。

業務スケジュールの記入例を参考に、１日のタスクとその開始・終了時間を１週間（できれば２週間）記入してください（土日勤務があればその分も記入）。

なお、「おしゃべり」「スマホ」などの時間も正直に書きましょう。時間の浪費を実感するだけで、「その時間を有効活用したい」「もっと早く帰りたい」など、改善のモチベーションが上がることもあります。手作業の記入が面倒な場合は、「Toggl Track」や「MyStats」などタスクと作業時間を記録するアプリの活用も有効です。

STEP3　タスクを分類し、カテゴリーごとの作業時間を集計する

次は、ＳＴＥＰ２のデータをもとに、タスクを集計表のＡ～Ｏ

業務スケジュール（記入例）　10月１日（ 月 ）

◆ 10月１日（ 月 ）

開始時間	終了時間	タスク名	備考
8：00	8：10	スケジュール・todo リストのチェック	
8：10	8：20	欠席生徒の確認	
8：20	8：30	打ち合わせ掲示板の確認	
8：30	8：40	朝打ち合わせ	
16：00	17：00	部活指導	
17：00	17：10	翌日のスケジュール・todo リスト作成	
17：10		退勤	

のカテゴリーに分類し、それぞれの作業時間を集計していきます（集計表はダウンロードできます）。

なお、ＳＴＥＰ２の業務スケジュールの「時間・タスク名」にマーカーを引くと、集計がしやすくなります。

例）Ｂ．授業準備：黄マーカー　Ｇ．部活動：赤マーカー等

ＳＴＥＰ４　削減・効率化する業務を洗い出す

タスクごとの作業時間を集計したら、削減・効率化する業務を洗い出しましょう。

まず、集計表の合計時間が多いものから順に並び替えます。校種や時期にもよりますが、中高であれば、「Ａ．授業」「Ｂ．授業準備」「Ｇ．部活動」「Ｉ．学校経営」「Ｊ．会議・打合せ」あたりが上位ではないでしょうか。

パレートの法則（80：20の法則）では、少数の上位項目が全体の大部分を占めるとされ、記入例も上記５項目で70・9％となっています。もともと短時間の業務を改善しても効果は薄いので、メスを入れるべきはこの部分です。

集計表（記入例）

カテゴリー	1日あたりの作業時間（分）							合計	割合
	月	火	水	木	金	土	日		
A. 授業	200	200	150	100	150			800 分	28.8%
B. 授業準備（教材研究）	50	50	50	70	60	90	30	400 分	14.4%
C. 成績処理	20	10	10	30	20			90 分	3.2%
D. 学習指導（個別指導・集団補習など）	20	20	10	20	10			80 分	2.9%
E. 学年・クラス経営	30	20	30	30	20			130 分	4.7%
F. 生徒対応（生徒指導含む）	20	20	20	10	20			90 分	3.2%
G. 部活動（技術指導・生徒指導など）	60	60	0	60	60	100		340 分	12.2%
H. 部活動（事務作業）	10	10		20	20	20		80 分	2.9%
I. 学校経営（分掌業務）	50	50	60	60	40			260 分	9.4%
J. 会議・打合せ	60	20	20	10	60			170 分	6.1%
K. 接客対応（保護者・PTA・業者等）	0	20	0	20	0			40 分	1.4%
L. 研修	0	0	0	0	20			20 分	0.7%
M. 出張	0	0	120	0	0			120 分	4.3%
N. その他の事務（A～L以外の事務）	0	20	30	30	20			100 分	3.6%
O. 浪費（おしゃべり・スマホ・使途不明時間等）	10	10	10	10	10	10		60 分	2.2%
合計	**530**	**510**	**510**	**470**	**510**	**220**	**30**	**2780 分**	**100%**
残業時間（始業前＋定時後の合計）	**65**	**45**	**45**	**5**	**45**	**220**	**30**	**425 分**	

しかし、5項目のうち「A．授業」は動かず、「B．授業準備」はむしろ増やしたいのですから、それ以外の「G．部活動」「I．学校経営」「J．会議・打合せ」に効率化の余地がないかを検討します（ちなみに、昨今議論となっている授業コマ数の見直しも、作業時間の上位項目にメスを入れるもので、業務改善の手段として説得力があります）。

また、全体に占める割合は小さくても、おしゃべりやスマホなどの「O．浪費」はできる限り削減していくべきでしょう。記入例では、週60分の浪費があるので、その時間を削るだけで月4時間の自由を生み出すことができます。

なお、人によっては使途不明時間が長いケースがあるかも知れません。その場合は、作業の合間の「スキマ時間」や「待ち時間（人・会議・作業）」などのアイドルタイムが長くなっている可能性があります。「3分でできることリスト」を作成してスキマ時間を活用したり、todo リストを活用して「作業完了」から次の作業の「着手」までを短縮したりして、使途不明時間の圧縮に取り組んでみましょう。

【コラム】PDCAサイクルよりOODAループを回せ

学校における改善のフレームワークと言えば、「PDCAサイクル」です。「Plan：計画」「Do：実行」「Check：評価」「Act：改善」のサイクルを回して、授業や業務を改善することを文科省や教育委員会も推奨して来ました。

ＰＤＣＡサイクルは目標達成や改善のツールとして優秀ですが、教員個人の行動を最適化していくにはやや不向きです。その理由は、「教員に腰を据えて計画・評価をする時間的余裕がないこと」「ＰＤＣＡでは状況の変化に即応できないこと」などです。

そこでおすすめしたいのが、「ＯＯＤＡ（ウーダ）ループ」です。ＯＯＤＡループは、「Observe：観察」「Orient：状況判断」「Decide：決断」「Act：行動」という米軍パイロットの空戦の意思決定プロセスを理論化したものです。

空戦では一瞬の判断が生死を分けるため、周囲を「観察」し、適切な「状況判断」のもとに「決断」「行動」するフレームワークが生まれたのです。

ＯＯＤＡループの特徴は次の通りです。

・計画がなくても妥当性の高い行動がとれる
・観察から行動までのスパンが短く、環境の変化に即応できる

授業はとっさの判断の連続です。計画や準備がいつも万全なわけではありません。刻々と変わる子どもや教室の状況から、常に最適解を導かなければなりません。

こうした業務の特性に、ＯＯＤＡループとの親和性があります。

ただ、ＰＤＣＡサイクルとＯＯＤＡループは優劣でなく、コンセプトの違いと捉えるべきだと思います。中長期の改善活動にはＰＤＣＡサイクルを、素早く的確な判断の積み重ねにはＯＯＤＡループを、目的に応じて使い分けていきましょう。

第5章

月30時間の自由を生み出す時短スキル6選

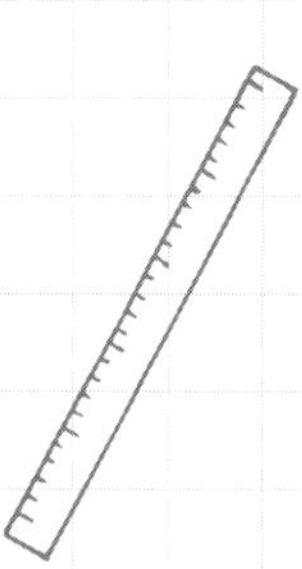

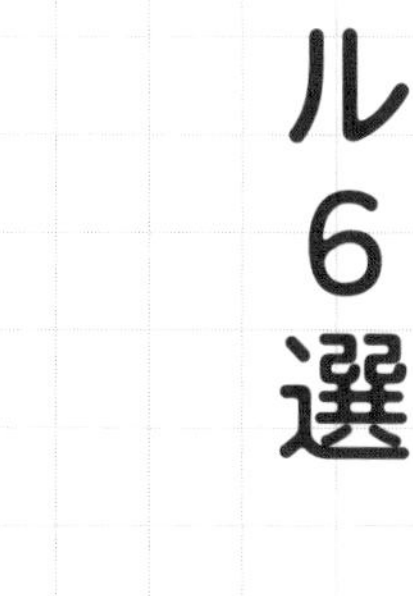

ここまで月30時間の自由時間を生み出す「段取り術」として、段取りの仕方や優先順位の付け方を紹介し、自身の働き方を見直すワークを行ってきました。

ここではより学校の業務に即して、実践的な6つの時短スキルを紹介します。

スキルⅠ　生産性向上のスケジュール管理

スケジュール管理は働き方の基本です。私は社会人1年目のミスがきっかけで、スケジュール管理が社会人の最重要スキルと考えるようになりました。

当時22歳だった私は、スケジュール管理どころか、手帳すら持たず、思い付いたタスクから着手するような仕事の仕方をしていました。

いつも〆切に追われ、終電まで仕事をするのが当たり前の生活。

しかし、いくら若いとはいえ、そうした生活が続けばいつかは無理が生じます。疲労をやる気でごまかしながら、ツアー前日も終電まで仕事をしていた私は、家に帰ってベッドに腰掛けた途端に深い眠りに落ちてしまったのです。アラームもかけずに。

7時15分――目を覚ました瞬間、心臓が凍り付きました。添乗員の集合は7時30分。40人のお客さんが添乗員の到着を待っているかと思うと恐怖で震えます。家を飛び出し、タクシーに駆け込んだ私は、祈るような思いで現地に向かったのでした。

●スケジュール管理のメリット

この失敗でスケジュール管理の重要性を痛感した私は、その手のビジネス書を買い込み、上司や先輩の働き方を観察し、スケジューリングのイロハを徹底的に学びました。

スケジュール管理のメリットは、「1日の予定やタスクが明確になる」「優先順位がハッキリする」「段取りを組みやすくなる」「ヌケモレがなくなる」「作業効率がアップする」などで、これらは相互に関連付いています。

- 1日の予定やタスクが明確になるから、優先順位がハッキリする
- 優先順位がハッキリするから、段取りが組みやすくなる
- 段取りが組みやすいから、ヌケモレがなくなる
- 結果として、作業効率がアップする

こうして見ると、スケジュール管理のメリットは論理的で明快です。それゆえ、再現性も高く、職業人として働いている限りあなたの働き方をサポートし続けてくれるのです。

●学校の予定はスマホのカレンダーに入力する

「仕事とプライベートは分けたい」という人も多いと思いますが、仕事のスケジュールをスマ

ホで確認できると生産性は上がります。教員は休日出勤が多く、土日であっても部活や行事を確認してからでないと予定を入れることができません。そこで、いつでもスケジュールを確認できるように、スマホのアプリに仕事の予定を入力しておくのです。

こうすることで、出先で土日の予定（プライベートや練習試合）を聞かれた時も、その場で回答できるため、折り返しに時間を奪われることもありません。

プライベートの時間を確保したいからこそ、仕事の予定も入力しておきましょう。

●スケジュールはスマホと紙を同期する

近年は、学校もICTの利用が進みつつありますが、それでも会議は紙ベースという学校が多いのではないかと思います。そこで、スケジュール確認は、学校では紙ベース（年間予定表・月間予定表）、自宅や出先ではスマホで行えるように両者を同期すると便利です。

といってもやり方は簡単で、仕事の予定を紙とスマホの両方に記入・入力するだけです。

二度手間が嫌な場合は、「Google カレンダー」などで一元管理するのもよいと思いますが、紙の方が「情報量」「見やすさ」「スピード」の面で優れているので、私は学校では紙（月間予定表）を利用するようにしています。

なお、一元管理したいのは、仕事とプライベートの予定です。

その理由は、次の通りです。

・両者を分けるとヌケモレやバッティングが生じやすい
・一元管理でプライベートも含めた忙しさが可視化できる
・プライベートの予定が見えることによって、仕事の生産性が上がる

紙文化の学校では、デジタルツールの活用方法には工夫の余地があります。両者の特性や学校の仕組みを踏まえて、最適な方法を見出していきましょう。

スケジュールは年間・月間・デイリーの3つの視点で管理する

年間予定や月間予定などは、学校の優れたスケジュール管理の仕組みです。子どものケガやトラブルなど、思いもよらぬことが起こる場所だからこそ、何度も日程を検討し、予定をすり合わせ、スケジュールを練り上げる文化があるのだと思います。

では、個人レベルでは、どのようにスケジュール管理していけばいいのでしょうか。

学校の場合、年度単位でスケジュールが進行し、直近の予定は月間予定表で確認することが多いと思います。ですから、スケジュール管理も年間予定・月間予定・デイリーの3つの視点で管理するのが学校の実情に即しています。

以下、それぞれのスケジュール管理方法を解説していきます。

（1）年間予定

スケジュール管理を行う際は、「年間↓月間↓デイリー」の順序で考えることが大切です。年度末（3月）に次年度の「年間予定表」が配付されたら、次の作業を行いましょう。

STEP1　年間の行事予定をスマホに入力する
STEP2　年間予定表（紙）をバインダーに挟んでデスクに置く
STEP3　業務スケジュールで繁忙期と閑散期を見える化する
STEP4　繁忙期に備えて業務を平準化する（※余裕があれば）

STEP1　年間の行事予定をスマホに入力する

年度末（新着任の場合は4月）に「年間予定表」が配付されたら、まず次頁の予定をスマホに入力します。

STEP2　年間予定表（紙）をバインダーに挟んでデスクに置く

スマホに予定を入力したら、年間予定表をバインダーに挟んでデスクのすぐに見えるところに置きましょう。これで年間予定とスマホの同期は完了です。

STEP3　業務スケジュールで繁忙期と閑散期を見える化する

次は自身の業務スケジュールの繁忙期と閑散期を確認します。新年度が始まると、学年・分掌・顧問などの会議が立て続けに行われ、1年間の業務分担が決まります。そこで担当することになった業務をスケジュールに落とし込んでいくのです。

P122の「年間業務スケジュール」のような表を作成して、繁忙期と閑散期を見える化していきましょう。

この場合、矢印が重なる4月と9月が繁忙期となりますが、できるだけ繁忙期は作らないように分担することが大切です。

教科・学年・分掌・顧問などのコミュニティは異なるメンバーで構成されるため、他者の業務負荷が見えにくく、「学年」で修学旅行（10月）を担当しているのに、「分掌」で文化祭（9～10月）を担当する、という無茶な分担も起こり得るからです。

業務分担を誤ると、学年・分掌・顧問の業務の繁忙期が重なる「三重苦」を味わう恐れもあります。

ちなみに私は、異動したばかりの学校でこの「三重苦」を味わい、4月の業務をこなすため学校の近くのビジネスホテルに泊まって作業をし

入力する予定の例

学校行事	入学式・始業式・卒業式・試験期間・面談・修学旅行
会議	職員会議・学年会議・分掌会議・入試会議・成績会議
土日勤務	部活の大会・体育祭・文化祭・学校説明会
変則授業	午前授業・短縮授業・面談週間・入試業務
〆切	指定校申込み〆切・成績〆切・科目調査〆切・大会申込〆切

た経験があります。

定時退勤で自由な時間をもつことも、効率のよいアウトプットで生産性を上げることも確かに大事です。

しかし、組織で苦しんでいる人をサポートすることもそれと同じくらい大事だと、この経験から学びました。

もし、あなたが残業に悩み、その状況を改善したいと願うのなら、業務の偏りに苦しむ人の気持ちはよくお分かりだと思います。出席した会議で目を配り、繁忙期が集中する人がいたら、その人への心配りをお願いしたいと思います。

STEP4　繁忙期に備えて業務を平準化する

繁忙期と閑散期を把握したら、それを「平準化」していきましょう。学校における繁忙期とは、「年度当初」「定期テストや成績処理」「研究授業の準備」「指導要録の作成」「推薦書作成や面接練習」などが重なる時期です。

部活の顧問をしていれば、長期休暇も大会や練習で忙しく、教員に閑散期はありませんが、繁忙期よりも比較的落ち着いている時期、と

年間業務スケジュール

プロジェクト(タスク)名	着手日	〆切	スケジュール											
			4月	5月	6月	7月	8月	9月	10月	11月	12月	1月	2月	3月
学校要覧作成	4/20	5/30												
大学予約奨学金	4/10	6/30												
学校説明会	7/15	10/20												
入試用写真撮影	10/9	10/28												
前期成績処理	9/10	9/20												
後期成績処理	3/9	3/15												
部活登録	4/6	4/15												
指定校面接・小論文	9/20	10/30												
入試WG														

捉えてください。一般的には、6月、夏休み、11月、冬休みあたりでしょう。

あらかじめ繁忙期を把握しておけば、作業の前倒しなどで先手を打つことができます。例えば、定期テストの作問は平月に少しずつ行うことができますし、成績処理もその都度評価を入力することで、学期末の作業が楽になります。

このように、繁忙期の業務の一部を閑散期に行い、月ごとの業務量をできるだけ均一にすることを「平準化」と言います。繁忙期の発生が避けられない業種では、この平準化の工夫が、定時退勤の秘訣となります。

繁忙期を見える化し、ぜひ平準化に取り組んでみてください。

(2) 月間予定

月間予定は、学校の基盤となるもっとも重要なスケジュールです。月間予定表が配付されたら、次の作業を行い、予定を確実に把握しましょう。

STEP1	月間予定表で翌月のスケジュールを確認する
STEP2	年間予定から日程変更された予定をスマホに反映させる
STEP3	月間予定表をバインダーに挟む
STEP4	自身に関連するタスクをtodoリストに記入する

STEP1　月間予定表で翌月と翌々月のスケジュールを確認する

まず、月間予定表で翌月と翌々月のスケジュールを確認します。

一か月の学校の動き（全体・学年・分掌・部活）を頭に入れていきましょう。月間予定表は情報量が多く、若手の先生は「どの予定が、誰の、何の仕事か」よく分からないこともあると思います。そこで、おすすめしたいのが蛍光マーカーとカラーペンの使用です。

色わけのルールを

緑：学年行事・学年業務	青：分掌業務
黄：部活の予定・部活関連業務	赤：〆切

このように決めて月間予定表にマーカーを引くと、「何の予定」か視覚的に分かり、情報を処理しやすくなります。例えば、月間予定表に記載された「学年会議」の文字の上から緑マーカーを引くと、一目で「学年業務」と分かります。

また、スケジュールは常に追加されるので、新たな予定が入ったら、色わけのルールをそのまま適用して、カラーペン（学年なら緑）で月間予定表に追記しましょう。

STEP2　年間予定から日程変更された予定をスマホに反映させる

次に、年間予定から日程が変更された行事を確認します。年間予定は年度末に作成するため、実際に新年度のスケジュールが動き出すと、日程が変わることもあります。

その際は、年度当初スマホに入力した予定も最新版に変更しなければなりません。

月間予定表とスマホのカレンダーを見比べて、「変更点をスマホに反映する」「月間予定表の重要事項はスマホに追加する」などの同期作業を行いましょう。

STEP3　月間予定表をバインダーに挟む

月間予定とスマホの同期が完了したら、月間予定表をバインダーに挟み、すぐに取り出せるところに置きましょう。年間予定表のバインダーに、月間予定表も追加すれば「スケジュール用バインダー」の出来上がりです。

スケジュール用バインダーには、「部活の日程表」「特別時間割の予定表」「試験監督の日程表」「成績処理スケジュール」なども一緒に挟んでおくと便利です。

スケジュール関連の書類を一カ所にまとめ、いつでも予定を確認できるようにすることで、ヌケモレのないスケジューリングが可能になります。

STEP4　自身に関連するタスクをtodoリストに記入する

最後に、月間予定表から「自身に関連するタスク」を洗い出します。例えば、月間予定表に中間テストがあれば作問のタスクが、三者面談があれば保護者通知を作成するタスクが発生すると思います。それらを todo リスト（後述）に記入するのです。

これでスケジュールがタスクに変換されるため、必要なタスクをリストアップすることができます。どのようなタスクが発生するか分からない時は、周囲の先生（同学年や同分掌など）に確認してみましょう。これで月間予定の作業は完了です。

（3）デイリースケジュール

最後に、デイリースケジュールの管理方法を解説します。

学校では次のような理由からデイリースケジュールを作っている人は少数派です。
・時間割があるからデイリースケジュールは不要
・デイリースケジュールを作成する時間がもったいない
・トラブルや突発的な仕事が多く、予定通りに進まない
しかし私は、デイリースケジュールは必須のアイテムだと思っています。前述のスケジュール管理のメリットは、デイリースケジュールの作成によって実現されるからです。

以下、私が使用しているデイリースケジュール（todo リスト一体型）を参考に、その活用方法について説明したいと思います。

STEP1　1日の予定をすべて書き出す（A欄）
STEP2　退勤時間を記入し1日の作業時間を見積もる（B欄）
STEP3　その日に着手するタスクを記入する（C欄）
STEP4　当日中に完了すべき新着タスクを記入する（D欄）

STEP1　1日の予定をすべて書き出す（A欄）

デイリースケジュールでは、授業を含めて1日の予定をすべて書き出します。

まず、時間割の欄に授業を記入し、空きコマには打合せの予定や、作業時間30～50分程の大きめのタスクを記入しましょう。

デイリースケジュール（記入例）

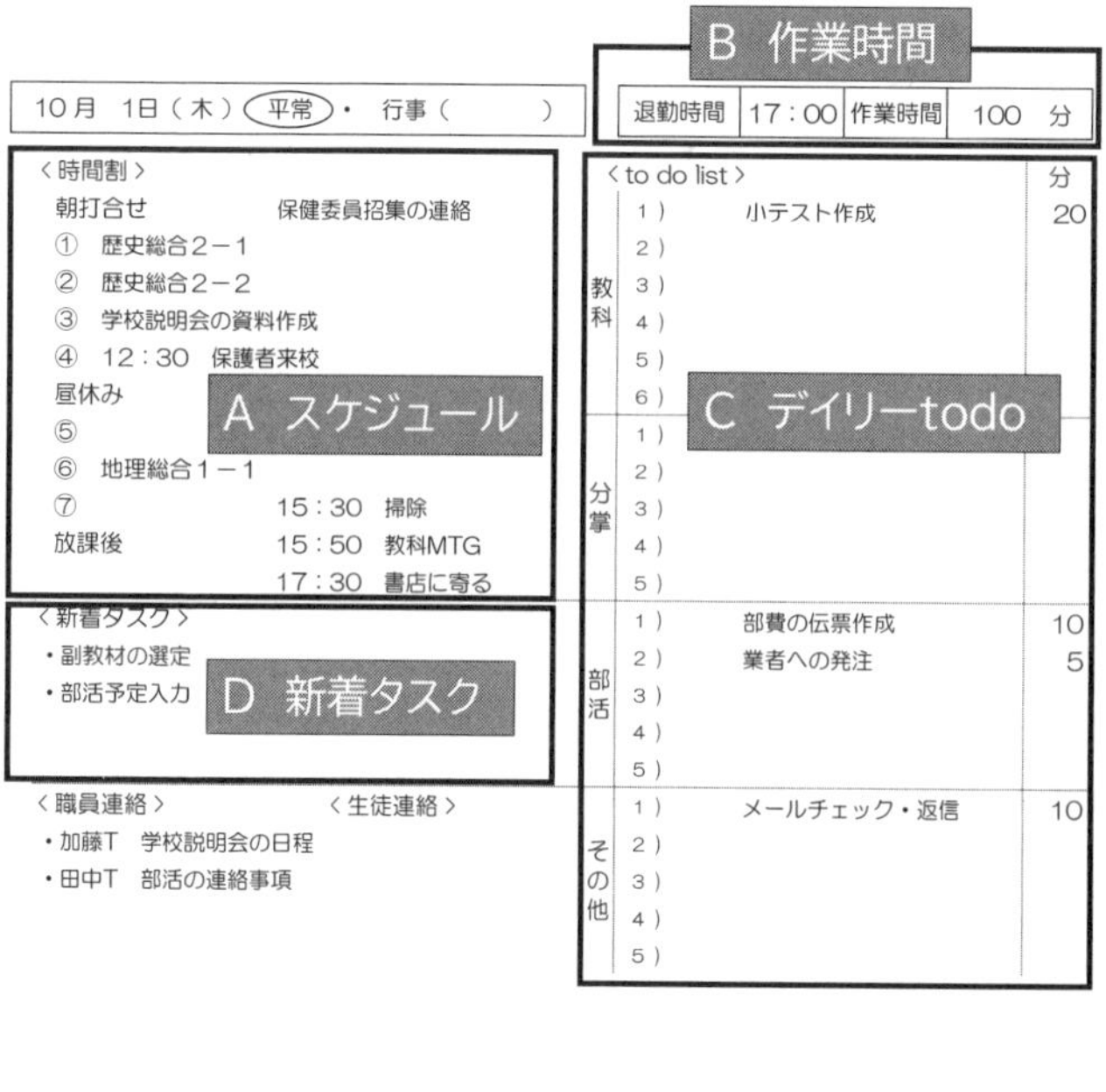

次に、時間割と一致しない予定は時間と予定の両方を書き込みます。例えば、「12：30　Aさん保護者来校」「15：30　清掃」という具合です。1日の予定をすべて書き出して、スケジュールのヌケモレを防ぎましょう。

STEP2　退勤時間を記入し1日の作業時間を見積もる（B欄）

次に、1日の作業時間を確認します。記入例の場合、17時退勤なので作業時間は、「5校時（50分）」＋「教科MTG（20分）後から退勤時刻まで（50分）」の100分を見込んでいます。時間割では、3校時も空きコマですが、STEP1で「学校説明会の資料作成」を設定したため、1日の作業時間は、バッファを含めて100分以内（実質70分程度）となります。

ちなみに、横浜市教育委員会・中原淳研究室の「教員の働き方や意識に関する質問紙調査」では、「退勤時間を決めて働いている」教員の方が、そうでない教員に比べて在校時間が63分短いという調査結果も出ています。退勤時間から逆算する癖を付けましょう。

STEP3　その日に着手するタスクを記入する（C欄）

1日の作業時間を踏まえ、着手予定のタスクを次頁の表のルールで書き出します。

ここでは20分以内に終わるタスクを「デイリーtodo（C欄）」に記入しましょう。メールチェックなど、毎日行うルーティンワークは、あらかじめデイリーtodoに記入した上で印刷すれば手書きの手間を省くことができます。

次にタスクの所要時間を記入します。時間の見積もりは、初めのうちは大まかで構いませんが、最終的には精度を上げていくことが理想です。与えられた時間で、どの程度のタスクを実行できるか見通しを持つことが、「段取り力」の礎となるからです。実際に作業に要した時間を振り返って、所要時間を見積もる力を養いましょう。

STEP4　当日中に完了すべき新着タスクを記入する（D欄）

デイリースケジュールの作成は1日の「計画」にあたります。STEP1～3は始業前まで（前日の終業時など）に完了させておきましょう。

STEP4は、業務中に発生した「新着タスク」の管理方法です。業務開始後は、職員間の打合せや情報共有、生徒とのやり取りなどから、新着タスクがどんどん増えていきます。そこで、新着タスクは以下のルールで管理します。

・本日中に完了させるタスク　↓　デイリースケジュールの「新着タスク（D欄）」に記入

タスク記入時のルール

時間割に記入（STEP１の作業）	デイリーtodoに記入（STEP3の作業）
・作業時間が30～50分の大きめのタスク （企画書作成、プレゼン資料作成） ・創造性が求められるタスク （授業プリント作成、アイディア出し） ・開始時間が決まっているタスク （他の先生との共同作業、会場設営）	・短時間で終わる小さなタスク （アンケート記入、伝票作成、電話） ・単純なタスク （点検、確認作業、印刷、準備） ・ルーティン作業 （メール、片付け、出欠チェック）

・翌日以降にペンディングするタスク ↓ todoリスト（別紙）に記入

（※注：デイリースケジュールの「デイリーtodo」と「todoリスト」は別物）

なぜ「todo リスト（別紙）」が必要かと言えば、todo リストには「オープンリスト」と「クローズリスト」の二通りの運用方法があるからです。

オープンリストとは、新着タスクを「追加可能」な todo リストで、思い付いたタスクや頼まれ仕事などを記入します。これは、タスク全体を把握するためのもので、ほとんどの todo リストはこのタイプです。オープンリストはヌケモレ防止には有用ですが、タスクを無限に追加できるため、どこまでやれば完了なのか、が見えない課題があります。

一方のクローズリストは、「追加禁止」の todo リストです。これは、1日の作業を明確化するためのもので、「今日はここまで」と一度ラインを引いたら基本的にタスクの追加はできません。

よくある「todo リストが終わらない」問題は、オープンリストとクローズリストを混同していることに原因があります。「今日やること」が書いてある todo リストに、新着タスクを追加するから「終わらない」のです。

それを踏まえて、先ほどの新着タスクの管理ルールをもう一度確認しましょう。

・本日中に完了させるタスク ↓ デイリースケジュールの「新着タスク（D欄）」に記入

・翌日以降にペンディングするタスク↓todoリスト（別紙）に記入

私は、デイリースケジュールは基本的にクローズリストで運用しています。「①1日のタスクを計画する」↓「②タスクの実行」↓「③全タスクの完了 or 退勤時刻をもって業務終了」という流れです。

したがって、新着タスクは翌日以降に処理することを基本とし、「デイリースケジュール（クローズリスト）」ではなく、別紙の「todoリスト（オープンリスト）」に記入します。ただし、当日中に対処が必要な緊急の案件のみデイリースケジュールの「新着タスク（D欄）」に記入し、その日の内に処理します。

デイリースケジュールは、1日の予定とタスクを管理するツールとして優秀です。オープンリストとクローズリストを使い分けて、ぜひ定時退勤を実現してください。

生産性向上のスケジューリングのコツ

ここからは応用編として、さらなる生産性（タイムパフォーマンス）向上のためのスケジューリングのコツを紹介します。

● 時間割ロック

時間割は、学校が誇る優れた時間管理の仕組みです。時間割の最大のメリットは、「好き・

嫌い」を問わず、時間になれば授業が始まる半強制的な仕組みであることです。

人間は、面倒なことを避ける生き物です。重要と分かっていても、「楽をしたい」という現在の利益を優先して先延ばしにする傾向があります。（現在バイアス）

「7つの習慣」で有名なスティーブン・R・コヴィー博士も、7つの習慣の中で多くの人が苦手なのは、「優先事項を優先すること」と述べています。

しかし、時間割でスケジュールを管理すれば、先延ばしを防ぐことができます。なぜなら、時間割ロックは、時間割の中（空きコマ）にタスクを入れ、その時間は必ずタスクを実行することを自分と約束する仕組みだからです。

例えば、「B緊急でないが重要」に分類される「教材研究」「研修」「新採用の指導」「業務改善」などは、〆切が決まっていないため、つい先延ばしにしてしまうタスクです。

そこで時間割ロックによって、火曜1校時は「教材研究」、木曜日3校時は「新採用の指導」などと強制的に時間割を決めてしまうのです（下表参照）。

こうすれば、「B緊急でないが重要」なタスクを確実に実

令和 6年度 時間割

校時	月	火	水	木	金
1	授業	教材研究	教材研究	教材研究	授業
2			授業	授業	
3	授業	授業		新採用指導	授業
4	総合的な探究	授業		LHR	授業
5		授業	授業		授業
6	授業				業務改善
7	研修			授業	

行できます。「意志」に頼るのではなく、「仕組み」によって自身の行動を変えるのです。

時間割ロックは、業務の一定時間を「価値ある仕事」に投入する仕組みであり、「学校版20％ルール」と言えます。教員も自己管理のために、時間割を活用してみてはいかがでしょうか。

●プライベートな予定も先入れでロック

時間割ロックでは、退勤後の予定もロックしましょう。保育園のお迎えやショッピング、飲み会などプライベートの予定は、デイリースケジュール（A欄）にどんどん書き込み、自分の予定と約束するのです。

そうすることで、アフター5が充実するだけでなく、生産性向上も期待できます。プライベートの予定があると、退勤時間を意識し、結果的に作業スピードが上がるからです。デイリースケジュールには、堂々と「18時　合コン（恵比寿）」と記載しましょう。

とはいえ、「学校は残業も多く予定を入れにくい」と感じることもあると思います。

そのような時は、学校でもっとも厳格に退勤時間を守っている先生を思い出してみてください。きっと保育園のお迎えがあるパパやママの先生ではないでしょうか。

彼らが定時退勤できるのは、お迎えの時間から逆算して段取りをしていることや、〆切効果でパフォーマンスが高いことが理由なのだと思います（それでも多くの先生が持ち帰り仕事で苦労されていますが）。

そうであれば、「残業があるから予定を入れにくい」のではなく、「予定がないから残業をしてしまう」と、発想を変えてみるのも一案です。

ワーク・ライフ・バランスのために積極的にプライベートの予定を入れましょう。スケジュールは管理するものであって、スケジュールに管理されてはいけないのです。

● 午前中は脳のゴールデンタイム

クリエイティブ系の仕事や決断にエネルギーが必要な案件は、午前中に予定を組んだ方がパフォーマンスは高まります。1日でもっとも集中力が高いのは起床後2～3時間と言われているからです。

フロリダ州立大学のロイ・バウマイスター教授は、人間の「ウィルパワー（意思力）」は決断を繰り返すことで消耗することを指摘しています。オバマ元大統領やスティーブ・ジョブズが、毎日同じ服を着てウィルパワーを温存していたのは有名な話です。

こうした理由から、午前中は「教材研究などクリエイティブな仕事」「決断にエネルギーが必要な案件」「あまり気の進まない仕事」などを一気にすすめるチャンスなのです。

しかし、教員は授業を中心に動いているため、午前中に時間を取るのが難しいこともあります。そこで前述の時間割ロックを活用するのです。

午前中の空きコマ（小学校は難しいですが）にクリエイティブ系を入れてロックし、それをルーティン化することで脳の特性にあった働き方が可能となります。

午前中に集中力やエネルギーを使う仕事をしたら、午後は単純作業を行いましょう。

例えば、「メールチェック」「点検」「プリント印刷」「保護者への連絡」「小テストの採点」「打合せ」などです。これらの作業は、脳のパフォーマンスが落ちる午後であっても、手を動かせば終わるため、仕事の質にさほど影響を与えません。

デイリースケジュールを考える際は、どの時間に何を行うのが効果的か、脳のパフォーマンスの観点からあなたの最適解を見つけてください。

●明日にのばせることを今日するな

「翌日のタスクを前倒しで作業しておけば、以後のスケジュールがラクになる」

「今日の仕事は終わったけれど、少しだけ明日の準備もしておこう」

といって、つい残業をしている先生はいませんか？　そんな人に漫画家の藤子不二雄Ａさんの座右の銘を紹介したいと思います。

「明日にのばせることを今日するな」

一見、怠け者の言い訳のようですが、その真意は「明日で間に合うことは明日やればよいのであって、すべて今日中に終わらせる必要はない」ということです。

新着タスクが気になると、今日やるべきことを見誤るため、新着タスクは翌日に回す仕事術（マーニャの法則）もあるほどなので、まじめな人ほど心に留めたい言葉です。

「できるだけ明日にのばす」仕事の仕方は、実務面からも理に適っています。

すべての仕事が終わるということは、原理的にあり得ないからです。質にこだわればキリがなく、ゆとりができれば、自ら仕事を作るのが人間です。そうであれば、仕事は「終わらせる」のではなく、「間に合わせる」発想で取り組むべきではないでしょうか。

納期に間に合えばいいのですから、「明日にのばせることを今日するな」となるわけです。

「終わらないものを終わらせる」矛盾のような努力はやめて（明日に回せるものは回して）、退勤後の時間を充実させましょう！

●ラストオーダー制

最後に、退勤時間を守るためのスケジューリングのコツを紹介します。

それは「ラストオーダー」の時間を決めておくことです。ラストオーダーは、飲食店が受け付ける最後の注文のことです。これ以降は注文を受けないのですから、ラストオーダーは飲食店が閉店時間を守るための仕組みと言えます。

一方、学校では時間外に対する感覚を持ちにくく、終業間際であっても仕事を振ってくる人もいます。緊急の案件であればもちろん対応すべきですが、そのような仕事が緊急であることはほとんどありません。

スケジュール管理を徹底して、予定通りに仕事を進めても、終業間際に仕事が舞い込めば退勤時間は遅くなる一方です。それではスケジュール管理も水の泡というもの。

そこで、「当日納品の仕事は15時ラストオーダー」などのマイルールを作り、それ以降に依頼されたタスクは翌日対応とするのです。人によっては、嫌な顔をすることもあると思いますが、終業間際に急ぎの案件を依頼することの方が非常識です。

終業間際の仕事の依頼は、「明日以降の対応でもよいでしょうか？」と確認してから受けましょう。これこそ「時間ベース」の働き方なのです。

予定は狂うことを前提にスケジュールを組む

ここまでスケジュール管理について解説してきましたが、実はスケジュールはほとんど計画通りには進みません。

「計画錯誤」という言葉を聞いたことがあるでしょうか。計画を立てる際、時間やコストを過小評価し、少なく見積もってしまう傾向のことです。ノーベル経済学賞を受賞したダニエル・カーネマンらが理論化しました。

計画錯誤に関し、カナダの社会心理学者ロジャー・ビューラーが面白い実験をしています。

彼は、37名の学生にレポート課題を与え、その提出に何日かかるか、最短と最長の日数を質問しました。学生の見積もりでは、最短の平均が27日、最長の平均は49日でした。しかし実際には、レポート提出の平均日数は56日。最短で提出した学生はほとんどおらず、最長の計画すら達成できたのは半数以下だったのです。

この実験が示すのは、「計画は計画通り進まない」ということです。教員は、生徒の進捗が悪いとつい指摘してしまいますが、そもそも「計画通り進まないのが計画」なのです。

計画錯誤が起こる原因は、「未経験の仕事に対する不確実さ」「イレギュラー対応の発生」「過去の失敗を忘れて楽観視する」などが指摘されています。仕事のスケジュールが遅れることと、夏休みの宿題が終わらないことは本質的に同じなのです。

スケジュール管理でもっとも大事なことは、「予定が狂うことを前提に計画を立てる」、つまり計画錯誤と「上手く付き合う」ことです。

ここでは3つの対策について解説します。

●納期を前倒しで設定する

スケジュールに遅れが生じると、期限内に満足のいく仕事ができなかったり、納期に遅れたりしてしまいます。計画錯誤の対策として、「納期（実際の〆切）」より1～2日前に「仮納期」を設定する方法があります。仮納期を〆切とするスケジュールで動くことで、納期よりも早く提出することができ、仕事の質にこだわりたければ、仮納期から納期までの数日で質を高めることもできます。

腕時計を5分早めるような簡単な方法ですが、非常に効果的です。まずは、依頼された仕事に「納期」と「仮納期」の2つの〆切を設定することから始めましょう。

●スケジュールにバッファを設ける

計画錯誤に対する2つ目の備えは「バッファを設ける」ことです。バッファとは、空白やゆとりのことを言いますが、時間管理においては「作業の遅れや突発のトラブルに備えるための予備時間」と考えてください。

計画が遅れることを前提に、あらかじめバッファを設けておけば、トラブルやイレギュラー対応で想定以上の時間がかかっても、その時間を利用して挽回することができます。

計画通りいかないことをコントロールするのではなく、計画通りいかないことを「認める」発想が大事なのです。

では、バッファはどのように取ればよいのでしょうか。バッファを取っても納期に遅れるという場合は、バッファの取り方に原因がある可能性があります。

次頁はバッファの取り方の例ですが、バッファの取り方としてよりよいのは、AとBのどちらでしょうか。その理由も考えてみましょう。

答えはバッファBです。

納期を守るためには、「バッファはまとめて取る」のがセオリーです。

その理由は、パーキンソンの法則にあります。

パーキンソンの法則によれば、人は時間をあるだけ使うので、作業とバッファが連続していると、脳がバッファも作業時間と認識し、バッファの時間まで作業に費やしてしまいます。

その結果、バッファAの場合、
・作業時間が延びて密度の薄い仕事になる（生産性の低下）
・作業①②でバッファをフルに使うと、作業③のバッファが不足する恐れがある（納期の遅れ）
という悪循環に陥ってしまうのです。

したがって、短時間で作業を終えるには、「作業①→作業②→作業③→バッファ①②③」のように、バッファは最後にまとめてとる工夫が必要です。そして、作業が予定通りに進んだ場合、バッファは使わず圧縮するのです。

このように、最後にまとめてバッファを取る手法をCCPM（クリティカル・チェーン・プロジェクト・マネジメント）と言います。

バッファがあるのに納期に遅れる場合は、バッファの取り方を工夫して

バッファの取り方

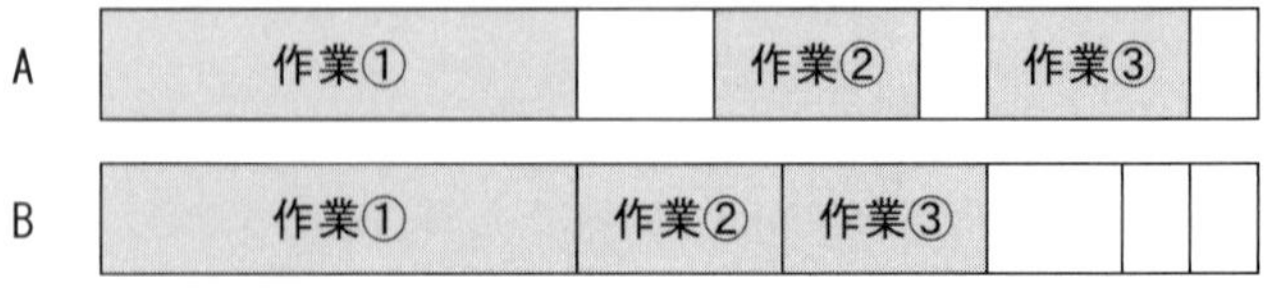

※空白部はバッファ

みてください。

●作業手順を設定し、間に合わないものは捨てる

計画錯誤との付き合い方の３つ目は、作業手順を設定し、間に合わないものは捨てることです。生産管理には、ＱＣＤ（質・コスト・納期）という考え方がありますが、納期を守るために意図的に品質を下げるのです。

例えば、「プレゼン資料の作成」の工程を分解すると、次のようになります。

①プレゼンの構成を考える
②資料を集める
③パワーポイントを作成する
④デザインを整える
⑤アペンディックス（添付資料）を充実させる

与えられた時間内にすべての工程を終えることが理想ですが、計画は予定通り進みません。そこで、①〜③を必須作業として、④⑤は作業途中でも〆切が来たらあきらめる、つまり、間に合わないものは捨てる選択をするのです。

必要最低限の品質を担保しながら、計画錯誤と上手く付き合っていきましょう。

スキルⅡ　効率を最大化させるtodoリスト

todoリストも、時短や生産性に直結する重要なタスク管理ツールです。

ここでは、todoリストを作成するメリットや、生産性向上のためのtodoリストの活用方法について解説していきます。

●todoリストを作成するメリット

「スケジュール帳」と「todoリスト」は、どちらか一方で十分と考える人も多いようですが、生産性向上のためには両方を活用した方がいいと思います。なぜなら、スケジュール帳とtodoリストは相互補完のツールだからです。

例えば、このようなことに心当たりはないでしょうか。

A「予定や〆切は把握しているが、作業内容（何をしたらよいか）がピンと来ない」
B「やるべき作業は理解しているが、〆切にルーズになってしまう」

AとBのスタンスの違いは、指向性に起因すると言われます。

「5W1H（いつ・どこで・誰が・何を・なぜ・どのように）」のどれを重視するかは、人の指向性によって異なり、「いつ（When）」を重視する人もいれば、「何を（What）」や「どのように（How）」が気になる人もいるのです。

冒頭のAは、「When 型」の典型で、「いつ」にはアンテナが立つけれども「何をするか」には疎いタイプ、Bはその逆のタイプになります。

しかし、「いつ」だけでも「何を」だけでも仕事は成り立ちません。どの仕事も「いつまでに」「何をするか」を明確にしないと、納期遅れやヌケモレが生じてしまいます。

そこで、「いつ（When）」と「何を（What）」を管理するために、「スケジュール帳」と「todo リスト」の両方が必要なのです。

以下、todo リストのメリットについて、さらに掘り下げていきます。

ヌケモレがなくなる

todo リストの最大のメリットは、タスクの「ヌケモレ」がなくなることです。

教員であれば、一度は「生徒に渡すプリントを忘れた」「授業の教材を忘れた」「書類の提出を忘れた」という経験があるのではないでしょうか。こうしたヌケモレの原因の一つは「ワーキングメモリ（作業記憶）」にあります。

ワーキングメモリとは、作業に必要な情報を一時的に記憶し、処理する機能のことで、ワーキングメモリが短期記憶できる情報は、3～9つ（4±1あるいは7±2）とされています。

しかし、学校の情報量はこの上限をはるかに超えているのです。

朝のＨＲでは、40人の生徒情報が一斉に飛び込んで来ますし、生徒から相談や事務連絡を受けることもあります。職員室に戻れば、保護者からの電話や急な会議の予定など、さまざまな情報が舞い込むため、すべての情報を覚えておくのはまず不可能です。

そのため、前述のような「ヌケモレ」が発生するのです。

ヌケモレを防ぐもっとも簡単な方法はメモを取ることです。

私は、仕事はおろか「ジャガイモ、ニンジン、豚肉」のお遣いすらメモなしではおぼつきません。そんな私もtodoリストの活用により、ヌケモレで困ることはありません。

教員は自身のタスクだけでなく、生徒の進捗も管理しなければならない職業です。情報負荷の大きい職業だからこそtodoリストを活用すべきなのです。

脳のパフォーマンスが最大化する

todoリストの活用は、脳のパフォーマンスを最大化させるメリットもあります。

もしあなたがtodoリストを活用しておらず、「教材研究に時間がかかる」「アイディアが浮かばない」「解決方法が見つからない」などの課題を感じているなら、todoリストで改善できる可能性があります。

todoリストが脳への負荷を軽減し、脳本来の力を引き出すからです。

前述のワーキングメモリは、処理できる情報に限りがあり、負荷をかけすぎると、脳のパフォーマンスが下がると言われています。

その脳を「タスクの記憶」に注力させたら、脳が「思考」に集中できず、創造的な仕事や問題解決のパフォーマンスが低下してしまうのです。

そこでtodoリストの出番です。todoリストは、あなたのタスクを外部に記録するクラウドのような存在です。タスクを書き出すことで、ワーキングメモリがタスクの記憶から解放され、脳は本来の働き（＝思考）に集中できるようになります。

その結果、授業のアイディアが湧いたり、課題解決の糸口が見えたり、良質なアウトプットが期待できるのです。脳への負荷を減らせば脳のパフォーマンスは上がります。

「忘れるため」にtodoリストを書きましょう。

不安を取り除くブレイン・ダンプ

教員あるあるに、仕事を抱えすぎてテンパることがあります。「やること」「忘れてはいけないこと」などの情報が過多になり、脳の許容量を超えてテンパってしまうのです。

そして、ヌケモレの不安から、プライベートも仕事が気になり、気が休まらないということもあります。そのような時は、「やること」「気になること」をすべて書き出す「ブレイン・ダンプ」がおすすめです。

ブレイン・ダンプの手順

① A3用紙などの大きめの紙を準備する
② やるべきこと・気になること・不安なことなどをすべて書き出す
③ その中で「やらなくてもよいもの」を線で消す
④ 別の用紙にやるべきことを整理する

ブレイン・ダンプを行うと、頭の中のごちゃごちゃが外に吐き出され、非常にスッキリとします。テンパる人にありがちなのは、スケジューリングやタスク管理を頭の中でやろうとして苦しくなるパターンです。「あれもこれも」と頭の中にタスクや〆切が浮かんでは消えるため、不安が増幅されてしまうのです。

しかし、ブレイン・ダンプを行ってみると、思いの外タスクが少ないことに気付くこともあります。これに気付いたらしめたものです。

別紙にやることを整理し、一つずつ処理していけばテンパることはありません。ヌケモレを心配する必要もなく、安心して仕事に取り組むことができます。

さて、この「やること」をまとめたリストを一般に何と呼ぶでしょうか？　もうお分かりですね。そう、これが「todoリスト」なのです。

todoリストの活用方法

todoリストの形式はさまざまですが、私は教員の業務をカテゴリーごとに分類した紙媒体のものを使用しています（下表参照）。

以下、ＳＴＥＰ1〜4で具体的なtodoリストの活用方法を解説します。

> ＳＴＥＰ1　担当プロジェクトやタスクをtodoリストに書き出す
> ＳＴＥＰ2　todoリストに着手日と〆切を記入する
> ＳＴＥＰ3　新着タスクをtodoリストに記入する
> ＳＴＥＰ4　todoリストのタスクを月間予定表に落とし込む

ＳＴＥＰ1　担当プロジェクトやタスクをtodoリストに書き出す

todoリストは年度当初の作業がもっとも重要です（年度途中からtodoリストを使う場合も、同様にＳＴＥＰ1から実施可能です）。

新年度が始まると、教科・学年・分掌・部活などの会議が行われ、1年間の業務分担が決まります。さまざまな仕事が割り振られ、負担感も大きくなりますが、こんな時こそブレイン・ダンプの出番です。

まずは、A3用紙（白紙）に担当タスクをすべて書き出します。ブレイン・

todoリスト（記入例）

教科			分掌			学年						部活		
						クラス			全体					
授業名簿の作成	4/4	4/10	部活動紹介HP	4/30	5/10	クラス名簿作成	4/4	4/10	学年会資料作成	4/8	4/11	大会申込み	4/15	4/20
オリエン資料作成	4/6	4/12	学校説明会	7/10	9/30	座席表作成	4/4	4/10				選手登録1年	4/15	4/20
シラバス配付		4/11				学級日誌の準備	4/4	4/10				保護者説明会		4/22
												部費徴収	4/15	5/10

〆切・実施日

着手日

ダンプでは、派生的に様々なタスクを思い付くはずです。例えば、「三者面談」であれば、「保護者案内→出欠確認→スケジュール調整→教室清掃」のように、連想ゲームの要領でタスクを書き出します。

この時、書く必要があるか迷ったものもすべて書きましょう。書くか否かを考えると、脳が「発散思考」から「収束思考」へ切り替わり、発想にブレーキがかかるためです。

ブレイン・ダンプ後は、タスクをカテゴリーごとに分類して todo リストに記入します。その用紙をバインダーに挟めば、オープンリスト型 todo リストの出来上がりです。

タスクの粒度（大きさ）について補足

本書では、業務内容のことを「プロジェクト」や「タスク」と表記していますが、両者の違いは仕事の大きさにあります。

■プロジェクト：特定の目的をもって行われる大きな業務。目標や期間などのゴールが定められ、計画を立てた上で実行される。例：学校説明会、文化祭、卒業式など

■タスク：すぐに着手できる最小単位の作業。タスクの集合体がプロジェクト。
例：印刷する、書類作成、点検する、メールを送るなど

「タスク管理」ツールのtodoリストに、「プロジェクト」を記入することに違和感のある人もいますが、あまり気にする必要はないと思います。なぜなら、プロジェクトであれタスクであれ、「いつ」「何を」するかを管理する原則は同じだからです。

例えば、todoリストの記入例では、シラバス配付（タスク）と、学校説明会（プロジェクト）が混在しています。シラバス配付は作業が明確ですが、学校説明会は規模が大きく、何をすべきか分からない人もいるかも知れません。

しかし、todoリストで、

・学校説明会のプロジェクトを担当している→「何を」
・7月中旬には準備を始める必要がある→「いつ」

これを把握していれば、プロジェクトをすっぽかすようなことはありません。

学校説明会の「プロジェクト」に、どんな「タスク」があるかを洗い出すのは、そのプロジェクトが始まる直前でよいのです。

STEP2　todoリストに着手日と〆切を記入する

「何をやるか（＝プロジェクト・タスク）」が明確になったら、次は着手日と〆切（納期・実施日）を記入します。〆切はほとんどの人がメモしますが、着手日まで記入するのは少数です。

しかし、「〆切」だけでは着手のタイミングが分からず、着手が遅ければ間に合いません。着手日の記入は〆切を守るための一工夫なのです。これで年度当初に行う事前準備は完了です。

STEP3　新着タスクを todo リストに記入する

年度当初の作業が完了したら、以後は都度発生する新着タスクを todo リストに追加すればタスク管理は完璧です。とはいえ、仕事が洪水のように押し寄せてくる学校では、「todo リストに記入する暇がない」という意見もあります。

しかし、そのような場面でも次の仕組みを作っておけば、todo リストの書き忘れをリカバリーすることができます。

そもそも新着タスクが発生する場面は、下表の４パターンです。そしてその場面には、書類やメモ、メールなど、必ずタスクに関する情報（媒体）があります。

todo リストに記入する暇がない時は、書類やメモを片付けずに、一時トレー（後述）に仮置きしましょう。そして余裕がある時に、内容を確認して todo リストに記入すればよいのです。

この仕組みで todo リストへの書き漏らしを防ぐことができます。

タスクが新規に発生する場面

タスクの発生場面	初期対応
口頭での指示	メモを取る
会議による担当者決め	レジュメの確認・メモを取る
メールでの依頼	メールを印刷
書類の受領	書類の確認

STEP4　todoリストのタスクを月間予定表に落とし込む

スケジュール管理のメソッドは、todoリストと組み合わせることによって、最強の管理ツールとなります。その肝となるのがこのSTEP４です。

todoリストのタスクを月間予定表に落とし込み、「何を」「いつまでに」やればよいかを見える化します。

例えば、todoリストが下表の場合、５・６月の「月間予定表」に、「５／10部活動紹介HP〆切」「６／15学校要覧〆切」と赤ペンで記入します。

校長決裁や職員会議などの手続きが必要なタスクは、〆切から逆算してどの職員会議に提案するかも検討しておきましょう。

提案日が決まったら、月間予定表の「職員会議」の横に「学校要覧」とメモしておけば、会議資料の準備を忘れることもありません。

このように、todoリストからスケジュールへ、スケジュールからtodoリストへ（月間予定のSTEP４）、両者を還流させることで、「いつ（When）」と「何を（What）」をコントロールする最強の管理ツールになるのです。

●プロジェクトはタスクに分解せよ

「困難は分割せよ」とは、近代哲学の祖デカルトの言葉です。大規模プロジェク

todoリストの記載

プロジェクト・タスク名	着手日	〆切
学校要覧作成	4/12	6/15
部活動紹介HP	4/20	5/10

トなどの困難な仕事は、小さなタスクに分解することが有効です。

例えば、学校説明会のプロジェクトであれば、学校説明会の実施に必要なタスクをできるだけ細かく分解するのです。

タスクを分解するメリットは、次の通りです。

・タスクは小さいほど作業が明確化する
・所要時間が見える化し、スケジュールに落とし込みやすくなる

若手の先生は「学校説明会の主担当をお願いします」と言われても困ると思いますが、「学校説明会で発表する生徒のプレゼン指導をお願いします」と言われればイメージが湧くのではないでしょうか。これが「作業が明確化する」ということです。

また、段取りを組む際も、「プレゼン指導」であれば「放課後30分」のようにスケジュールに落とし込みやすくなります。プロジェクトの分解によって、所要時間が明らかになると、「いつ」やればよいかも見えてくるのです。

● 同種タスクはバッチ化

突然ですが、家の掃除をする際、あなたはどのような段取りで掃除をしますか？

複数の部屋の掃除であれば、全部屋の「掃き掃除」→全部屋の「雑巾がけ」のように、効率を考え、同じ作業はまとめて行うのではないでしょうか。このように同種のタスクをまとめて行うことを「バッチ化」と言います。

バッチ化は仕事にも応用できます。例えば、電話やメール、資料作成、印刷などはバッチ化で効率化できる代表的なタスクです。

仮に、卒業アルバム作成の工程が、「業者への電話→学年主任へ報告→会議資料の作成」の場合でも、電話連絡はひとまとめにして、業者へ電話した後に、保護者への電話、他校への試合の申し込みなどをすべて行ってしまうのです。

印刷やメール処理など、さまざまな場面で無意識に行っているバッチ化ですが、意識的にタスクをまとめることで作業効率は上がります。

ぜひあなた独自のバッチ化を見つけて実践してみてください。

●依頼中のタスクや案件も見える化する

ヌケモレでありがちなのが、タスクを依頼したまま忘れるケースです。特に、マネジメント職は、他者の進捗管理も必要なため、タスク管理が一層難しくなります。

この問題を解決するのが、「依頼中」のタスクをtodoリストに記入する方法です。

例えば、学校説明会の資料作成を6月15日〆切でA先生に依頼した場合、todoリストの「依頼中」のカテゴリーと、月間予定表の「6／15」欄にその旨を記入するのです。

そうすれば、依頼したまま忘れるリスクを軽減でき、〆切前にはA先生にリマインドする余裕も生まれます。

こうした一手間は、ヌケモレや納期遅れを未然に防ぐのですから、結局のところあなたの作業を助けます。タスク管理において、「情けは人の為ならず」なのです。

スキルⅢ　ムダ時間を省く整理術

生産性に関して、一つクイズを出題したいと思います。

ビジネスパーソンが年150時間（課業日換算で約19日）を費やしているのはどのような作業だと思いますか？　3択にしてみましょう。

① パワーポイントのデザインを整えるための時間
② 仕事とは無関係の話をしている時間
③ 探し物をしている時間

正解は③探し物をしている時間です。

『気がつくと机がぐちゃぐちゃになっているあなたへ』の著者リズ・ダベンポート氏は、平均的なビジネスパーソンは年150時間も探し物していると指摘しました。

私たちは、年間19日という膨大な時間を「何も生まない時間」に費やしているのです。

年150時間は、年間労働日数を250日として計算すると、1日あたり36分（150時間×60分÷250日）に相当します。仮にこの時間を30分短縮できれば、一か月あたり11時間（30分×22日＝660分）の自由が生まれます。

紙文化の学校では、デスクの使い方や整理方法をルール化しておかないと、授業プリントや会議資料などですぐに溢れてしまいます。

また、急な出張やリモートなどで学校を離れる時、デスクが片付いていれば、必要書類や自習教材の在りかを他者に簡潔に伝えることができます。

人は何かを片付けると、他の場所もキレイにしたくなるものです。整理が苦手な人は、目の前にあるものを定位置に戻す「一仕事一片付け」から始めてみましょう。月1回、デスク整理の日を設けるのも有効です。

ここではムダ時間を省く「整理術」を解説します。

●デスクの基本構造

まずは、作業スペースとなるデスク周りの環境から考えていきます。

仕事を手早く行う上で、デスクの整理は不可欠です。しかし、整理されていても必要なものがすぐに取り出せなければ作業効率は上がりません。デスクは「機能的」に整理されている必要があるのです。

ここでは私のデスクを参考に、デスクの機能について紹介します。

①トレー

書類を一時保管する場所。書類のステータスは、「未処理」「作業中」「完了済」と変わるため、ステータスに応じて書類の場所も変えていきます（後述）。

②クリアファイル

書類はすべて（書類1枚、付箋1枚でも）クリアファイルに入れて保管します。こうすると、「規格が統一される」「追加資料も一元管理できる」「紛失防止」などいいことづくめです。

デスク写真

③紙ファイル

後日参照する可能性のある書類は、穴を開けて紙ファイルに保存します。ポイントは、「カテゴリー分け」と「廃棄ルール」の仕組み化です。（後述）

④教科書・資料集

教材研究用の資料。お守りとして多めに置いていますが、もう少しスリム化したいところです。

⑤無線マウス

コードは作業の邪魔になり、見栄えも悪いので無線マウスを使用しています。

⑥PC台（モニタースタンド）

デスクでは書類を広げて作業することも多いため、ＰＣを収納して作業スペースを空けられるようにしています。

⑦時間割

時間割はスケジュールの骨子なので、すぐ見えるところに貼っています。

⑧バインダー

スケジュール用、todo リスト用のバインダーをすぐ見える場所に置きます（作業中は集中のため隠す）。体育祭や文化祭など、行事の要項が配付されたら、行事用のバインダーも作ります。追加資料もここにまとめ、行事が終了したら廃棄します。

⑨キッチンタイマー

ポモドーロ・テクニック（後述）を使用するためのタイマー。

⑩文房具

文房具は基本的にデスクの右上の引出しに収納しますが、使用頻度が高いものに限ってデスク上に置いておくと便利です。デスク上に置く文房具を厳選しましょう。

⑪作業スペース

書類やノートを広げて作業するためのスペース。できればA3サイズの用紙が入るほどのスペースを確保したいところです。

機能性を追求するゾーニング

機能的なデスク周りを実現するために、「ゾーニング（zoning）」の考え方を紹介します。

ゾーニングとは、空間を分け、その空間を目的に合わせて活用することです。

例えば、住宅業界は、居住スペースを「ＬＤＫ」や「玄関」「風呂」などの用途ごとに区分けし、間取りや導線の研究を行っています。

ゾーニングは、ディズニーランドの７つのテーマやオフィスの設計、デスクの整理などでも取り入れられています。本書は「個人の生産性」がテーマのため触れませんが、職員室の備品（プリンターや資料・文房具など）の配置にも検討の余地があります。

以下、ゾーニングの際の留意事項を述べたいと思います。

●作業スペースを空ける

デスクを整理する上で、まず重視したいのは作業スペースの確保です。学校は、書類や掲示物の作成などデスクでの作業が日常的に行われます。A3やB4などの書類を使うことも多く、デスク上に広めのスペースを確保することが効率アップの秘訣です。

作業スペースを確保する工夫としては、次のようなものがあります。

・教科書や書類を平積みしない
・オフィス用のデスクラックを設置して、デスク上の空間を活用する

・PCの収納スペースを作る

教科書や書類を平積みにすると、デスクが狭くなるだけでなく、書類が埋もれ、紛失や納期遅れのリスクも高めてしまいます。

そこで私は、オフィス用のデスクラックを設置し、デスクの上の空間を活用しています。これにより収納スペースが拡張され、教科書や資料を縦置きできるようになります。

また、デスク中央に鎮座したPCも作業時には邪魔になります。そこでPC台を設置し、その下にPCを収納すれば、デスク中央に作業スペースを確保することができます。

●使用頻度を考える

「作業スペース確保のためにデスクにはPCしか置かない」というこだわりのビジネスパーソンもいますが、私は必要最小限のものはデスクに置いた方がいいと思います。

文房具を使う度にわざわざデスクから取り出すのは手間だからです。

教員の仕事はPCだけで完結せず、書類を印刷し、マーカーを引き、ホッチキスでとめる、などの作業が頻繁にあるため、よく使う文房具は、手の届くところに置いた方が時短につながります。

とはいえ、何でもデスクに置くのは考えものです。「1日5回以上使用するもの」など、自分なりの基準を設定して、厳選されたものだけを置きましょう。

●配置場所と導線に不自然さはないか

ゾーニングを考える上で気を付けたいのは、文房具を取り出す際の「導線」に不自然な点はないか、という配置場所の問題です。

例えば、デスクの右側に電話を置くと、右利きの人が通話中にメモを取る時は受話器を左手に持ち替えなければなりません。これは隠れたストレスです。

ですから、ゾーニングにおいては「電話は左、メモは右」が基本なのです。

また、配置場所の距離感についてはどうでしょうか。

使用頻度が高いものを遠くに、低いものを近くに置いた場合、導線に非効率が生まれ、生産性を下げてしまいます。デスクを「近距離」「中距離」「遠距離」に分け、使用頻度が高いものを手前に配置するよう心がけましょう。

ワーク6　デスク周りのゾーニング

あなたのデスクの機能性を高めるために、「何を」「どこに」配置するのがよいでしょうか。

ワークシートをダウンロードし、デスクに配置するものを記入しましょう。

ストレスフリーの書類管理

紙文化の学校において、書類管理は死活的に重要です。書類の整理を怠ると、デスクはすぐに紙で溢れてしまいます。

書類管理のポイントは、「書類のライフサイクル」を知ることです。これは、心理学者エリクソンが提唱した「ライフサイクル」と同じように、書類にも作成から廃棄まで、さまざまなステージがあるという考え方です。

書類は基本的に、「1 作成または受領」→「2 使用」→「3 保管・保存」→「4 廃棄」のフローを辿ります。

ここで重要なことは次の2点です。

・書類は「フロー書類」と「ストック書類」に大別される
・書類のステータスは作業状況によって変わる

以下、2点を踏まえて書類管理の考え方を解説します。

● 書類は「フロー書類」と「ストック書類」に大別される

書類には「使用中」と「使用後」のフェーズがあります。

例えば、プロジェクト当日までは毎日使っていた書類も、プロジ

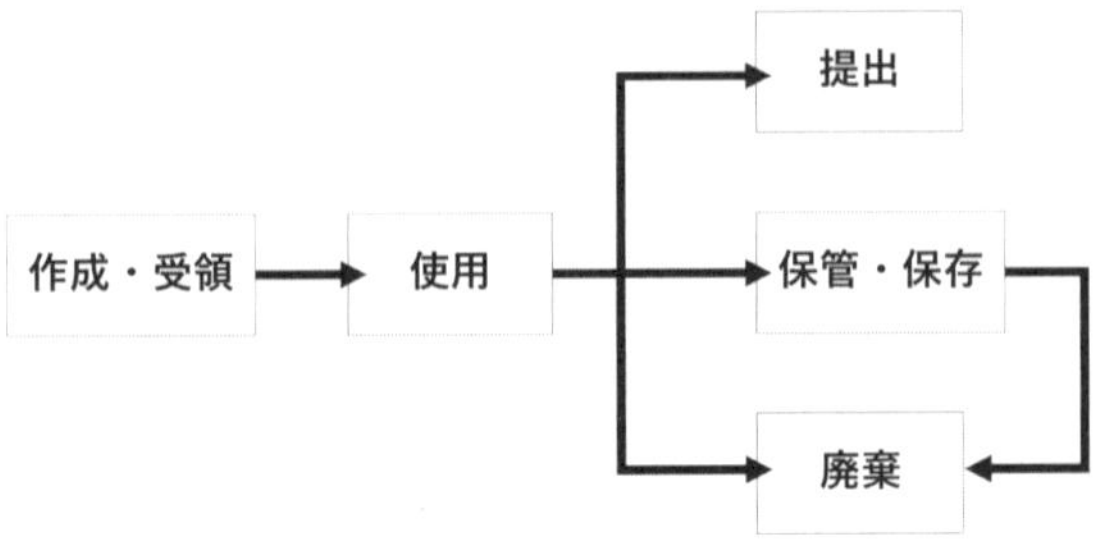

書類のライフサイクル

ェクト終了後は、ほとんど使用することがなくなります。

私は、使用中の書類を「フロー書類」、使用後の書類を「ストック書類」と呼んで管理方法を分けています。

フロー書類は、毎日のように使うため、デスク上などすぐに取り出せる場所に配置するのが効率的です。

その後、フロー書類が役目を終えストック書類になったら、デスク内に収納した方が良いでしょう。書類は使用中と使用後で保管場所が変わるのです。

書類を整理する際は、書類のライフサイクルを踏まえて配置場所を決めましょう。それが機能的な書類管理のポイントです。

●書類のステータスは作業状況によって変わる

フロー書類をもう少し細かく分類して、書類管理の機能性を高めていきましょう。

まず考えたいのは、一口に「使用中」と言っても、作業状況によってさまざまなステータスがあるということです。

例えば、書類は「①未処理：手つかずの状態」「②作業中：着手したものの完了していない状態」「③完了済：作業完了し、提出や配付を待っている状態」の段階を経て、提出・保存・廃棄されます。

そこで私は、①～③のラベルを貼ったトレーを準備し、進捗に応じて書類の保管場所を変えています。受領した書類は「①未処理」に入れ、着手したら「②作業中」に移し、作業完了後は「③完了済」に入れて提出・配付に備えます。

書類を進捗ごとに管理すると、「書類が複数のトレーに分散するため探しやすい（ヌケモレや紛失の回避）」「書類を見なくても進捗が分かる」「完了済の書類の提出・配付を忘れない」などのメリットがあり、タスク管理も楽になります。

●マネジメント型の書類管理

応用編として、分掌リーダーや学年主任など他者の進捗を把握する必要があるマネジメント向きの書類管理の方法を紹介します。これは、書類トレーを「①未処理」→「②作業中」→「③完了済」の3つから以下の5つに増やす方法です。

マネジメント型書類管理

① 一時トレー：受領した書類を一時的に避難させる場所（inbox）
② 未処理：手つかずの書類。①を確認し、todo リストに記入したらここへ移動
③ 作業中：着手したものの完了していない書類
④ 確認中：作業中に発生した確認事項（担当者・生徒の回答）を待っている書類

⑤　完了済：作業完了し、提出や配付を待っている書類

学年主任や分掌リーダーは、書類の確認を依頼されることも多く、授業から戻るとデスクが書類で一杯ということもあります。

そこで、確認前の書類はすべて「①一時トレー」に避難させ、確認できたものから「②未処理」へ移動します。その際、「書類確認→todo リスト記入→未処理へ移動」というフローにすれば、ヌケモレ防止の仕組みにもなります。

「④確認中」は、依頼中のタスクを見える化することができます。書類作成の過程で、担当者や生徒に確認作業が生じた場合は、書類を「③作業中」から「④確認中」へ移動させると、依頼中のタスクを忘れる心配がなくなります。

フロー書類は、常にステータスが変わる「動的」なものです。その特性にあった管理の仕組みを作ることが書類管理を楽にするのです。

●ストック書類はカテゴリー別に分類する

次に、ストック書類の管理方法について解説します。

ストック書類は使用後の書類なので、フロー書類のようにすぐ取り出せる場所に保管する必要はありません。カテゴリー（授業、クラス、学年、分掌、部活、研修、職員会議など）に分

類して紙ファイルに保存しておきましょう。

なお、カテゴリー分けで難しいのは、書類が複数の属性を持つ場合です。例えば、職員会議で配られた『部活の校内規則』は、「職員会議」と「部活」の2つの属性があるため、どちらのファイルに保存するかという問題が生じます。

ここで重要なのは、自分のルールに則って決めることです。このケースであれば、私は「職員会議」のファイルに保存します。「資料の内容より、受領した場面（職員会議・学年会議など）を優先して分類する」と決めているからです。

こうすることで、保存先に迷うことなく、書類を探す時もすぐにファイルの目星を付けることができます。

中には、カテゴリーを細分化し、モレなくダブりなく（MECE）分類したいと思う人もいるかも知れません。しかし現実問題として、それは難しいでしょう。カテゴリー分けは決め方の問題ですから、自分なりのルールを作って分類していけばいいのです。

●廃棄期限を決める

書類管理では、書類の「廃棄ルール」を決めることも重要です。

そもそも書類が溢れる原因は、「捨てる量」より「受取る量」が多いことです。書類管理では「廃棄書類≧受領書類」にして、デスクの保存容量を空けておくことがポイントになります。

そのために「廃棄ルール」が必要なのです。書類の廃棄ルールで有効なのは、「廃棄期限」を設けることです。

下表のように書類の性質ごとに廃棄のタイミングを決めておけば、半強制的に書類を減らすことができます。ところが厄介なことに、この廃棄ルールを阻害するものがあります。

「捨てるのは不安」「また使うかも知れない」「いつか読みたい」という人間心理です。こうした時に、書類をスキャンして捨てる方法もありますが、私はほとんどやったことがありません。使うかどうか分からない書類に、わざわざ時間と手間をかけるのはタイパが悪いからです。

もし、処分に迷うのであれば、「仮処分ＢＯＸ」の設置がおすすめです。デスクの足元にA4サイズの箱を準備し、捨てにくい書類をどんどん放り込むのです。

仮処分ＢＯＸはゴミ箱ではないので、後日必要にな

廃棄期限の例

書類の性質	具体例	廃棄期限
不要な書類	チラシやお知らせ 他学年・他分掌など直接関係のない情報 最新版に差し替えた際の旧ver.の書類	読了後すぐ
作業に必要な書類	体育祭・文化祭などの要項 資料作成に使っているデータ 各種アンケート用紙 使用済みの伝言メモ・付箋 配付後、一定期間が過ぎた授業プリント	プロジェクト終了後
使うかどうか分からない書類	他の先生の研究授業の教材・指導案 教科書会社発行の情報誌 新聞のコピー	毎月30日
ストック書類	１年分の学年・分掌の会議資料	年度末

ったら取り出すことができます。そして、廃棄日（毎月30日など）を決めて、定期的にシュレッダーしたり、裏紙として利用したりすれば、書類を減らすことができます。

整理には、「不要なものを処分する」という意味があります。書類を捨てるためのルール作りが、デスク周りを整理する第一歩です。心を鬼にして捨てましょう。

フォルダ管理

生産性向上のためには、ＰＣのフォルダ整理も欠かせません。ＰＣは物理的なスペースを圧迫する書類と異なり、無制限に増やせるため、管理を怠るとあっという間に散らかってしまいます。そうした無秩序なＰＣでは、ファイルを探すのも一苦労です。年１５０時間（約19日）の探し物には、ＰＣの時間も含まれていることを意識する必要があります。

フォルダ管理で大切なことは、先に「フォルダ構成（ツリー）」の全体像を決めることです。例えば、次のようなフォルダの基本型を作り、新規ファイルはその中に適切に保存すればフォルダの秩序を保つことができます。

第一階層

10_授業　20_クラス運営　30_学年業務　40_分掌業務　50_部活　60_写真　70_その他

第二階層（「10_授業」の直下）

10_公共　20_政治経済　30_倫理

第三階層

10_ワークシート　20_定期試験　30_資料

ファイルの保存先として適切なものがない場合は、新規フォルダの作成を検討します。ただし、多すぎるフォルダはPCの秩序を乱すため、ファイルを「70_その他」に仮置きし、同種のファイルが3～4つになったら新規フォルダを作成しましょう。

また、フォルダを重複させないことも重要です。例えば、第一階層に「60_写真」フォルダがあり、「20_クラス運営」の直下にも「クラス写真」フォルダがある場合、写真の保存先が二か所にまたがってしまいます。

その場合は、第一階層「60_写真」（大カテゴリー）の中に、「クラス写真」という第二階層（中カテゴリー）を作った方がよいでしょう。

このようにフォルダ構成は生き物のように変化します。そのため、定期的にメンテナンスし、複数のフォルダをまとめたり、不要なフォルダを削除したりして管理する必要があるのです。

●デスクトップアイコンの整理

フォルダ整理の次は、デスクトップアイコンを整理します。デスクトップはいわば作業スペースです。デスク周りと同様、必要なもののみ配置して、不要なものは削除しましょう。個人的に、アイコンの理想は一列。多くても2列以内に抑えたいところです。

デスクトップを整理するコツは、「何度も使うアプリはタスクバーにピン止めする」「ファイルをデスクトップに保存しない」ことです。

使用頻度の高いアプリは、デスクトップではなく、タスクバーへ「ピン止め」しましょう。ピン止めすれば、デスクトップのアイコンを削除できる上に、他のアプリを開いている間も画面下部にアイコンが表示されて非常に便利です。

ただし、メールアプリのアイコンは、ポップアップが集中力を低下させるため、ピン止めしてはいけません。デスクトップから隔離しましょう。

デスクトップが片付いたら、その状態をキープする必要があります。「5S活動」の「清潔」とは、整理整頓された状態を「維持」することです。新規ファイルはデスクトップでなく、「フォルダを選択して保存」する癖をつけましょう。保存先をピン止めしておけば、デスクトップより速く適切なフォルダを選ぶことができます。

なお、デスクトップに保存しない工夫として、「①保存先のフォルダを先に決め、②その中で新規ファイルを作成し、③編集、④上書き保存」する方法も有効です。

● 作業中フォルダを作る

私は、使用中のものをフロー書類、使用後のものをストック書類と呼び、管理方法を分けていますが、この取扱いは電子データも同様です。現在「作業中のファイル」を深い階層に保存すると、作業の度にフォルダを掘らなくてはなりません。

そこでデスクトップに「作業中」フォルダを作成し、現在進行中のファイルを入れておけば、1クリックでアクセスできて便利です。そして作業完了後は、ファイルの保存先を変更し、適切なフォルダに「ストック」しておきましょう。

● ファイル名のルール化で一発検索

ファイル名のルールを統一することも時短効果があります。教材のファイル名は「日付＋単元名」（20230423_青年期）」で管理することもあると思いますが、この方法は教材の管理には不向きです。教材は「日付順」よりも「単元ごと（教科書の順番）」でソートした方が見やすいからです。

日付順でファイル名を管理する場合、過去に作成した教材を手直ししてファイル名の日付を変更すると、ファイルの並び順が崩れてしまいます。

そのため、教材のファイル名は「単元番号＋日付＋科目＋単元名」で管理しましょう。

（例：「1-1-1_20230423_公共_青年期」）

このルールで運用すると、ファイルが教科書順に並んで見やすいだけでなく、作成日の情報から教材のアップデートの必要性も分かるようになります。

一方、分掌業務や学年業務など、翌年度の引継ぎもかねて、「いつ」「何を」するかを明確にしたい場合は、ファイル名を「日付＋タイトル」にします（例：「20230425_卒業アルバムスケジュール」）。これで、4月下旬にはこのタスクが発生することが分かります。

フォルダ構成やファイル名は、カスタマイズがしやすい分野です。ぜひご自身に合ったやり方でタイパを高める整理術を実践してください。

スキルⅣ　フロー状態を維持する集中法

ビジネスシーンには、ハイパフォーマーと呼ばれる人たちがいます。日々の定型業務を効率的に片付け、本来業務に注力し、高い生産性を発揮する優秀な人材です。企業・学校を問わず、私もそうした人を見てきましたが、彼らに共通するのは、「独自のスキルを持ち、集中力が高く、エネルギーに満ちている」ことです。

私は、「スキル」「集中力」「エネルギー」を「生産性の三要素」と呼んでいます。これらは足し算でなく掛け算の関係にあります。

書類作成やデータ処理を最速でこなす「スキル」があっても、生徒がひっきりなしに訪ねてきたら「集中力」が低下し、作業は滞ります。「集中」のために準備室にこもっても、前日が徹夜なら、「エネルギー不足」でパフォーマンスは低下するでしょう。

生産性向上のためには、三要素のすべてが一定の水準にあることが求められるのです。

ここでは、「集中力」を高めるためのテクニックを紹介します。

●集中力を妨げる要因を取り除く

そもそも人はどうすれば集中できるのでしょうか。結論から言えば、「集中を妨げる要因を取り除く」「集中できる環境を創る」の二点です。

面白いことに、「どうすれば集中できるか?」を問われると多くの人が首をひねるのに、「集中を妨げるものは何か?」と尋ねると、ほとんどの人が即答できます。真っ先に出てくるのはスマホで、その後に職場の話し声や電話、メールなどが続きます。

カリフォルニア大学アーバイン校のグロリア・マーク教授は、集中している状態で邪魔が入ると、人は再集中するまでに23分かかると指摘しました。

一方、現代のオフィスでは11分に1回のペースで何らかのコミュニケーションが発生すると言われます。集中しようにも、集中する前に邪魔が入るのですから、現代の組織は集中が難しい環境にあるのです。

学校の職員室も同様に、問い合わせの電話やチャイム、生徒からの呼び出し、突発のトラブルなどが起こるため、集中には不向きな環境です。

ここでは学校にある「集中を妨げる要因」と、それを取り除くための対策を解説します。

スマホの弊害

スマホは現代人に不可欠なツールですが、精神科医のアンデシュ・ハンセン著『スマホ脳』では、「1日に2時間以上スクリーンを眺めると、うつのリスクを高める」「スマホが近くにあるだけで学習効果、記憶力、集中力が低下する」などの弊害が指摘されています。

また、別の研究では「学習中にスマホを置いておくだけでも気が散る」「メッセージアプリを走らせたままにすると、35秒に1回メッセージをチェックする」という報告もあります。

スマホと上手く付き合うもっとも簡単な方法は、スマホを物理的に遠ざけることです。電源を切って、隣の部屋やカバンなど見えないところにしまいましょう。スマホがあるだけで気になるのですから、依存症でなければスマホを隠すだけでも十分効果があります。

スマホへの依存度が高く、どうしてもスマホが手放せない人は、「Detox ロック」「スマホをやめれば魚が育つ」などの「スマホ依存対策アプリ」の使用を検討しましょう。

生徒の中には、スマホとの付き合い方を変えるだけで、劇的に成績が向上する者もいます。スマホをコントロールして、集中できる環境を整えましょう。

メールチェックとの付き合い方

スマホと並んで、注意したいのがメールチェックです。メールは隠れた時間泥棒であるだけでなく、メールそのものは価値を生まないため、生産性低下の一因でもあるからです。

メールのテクニックは「仕組み化メール術」で後述するので、ここではメールに集中力を奪われない心構えについてお伝えします。

結論から言うと、メールと上手く付き合うコツは、メールと「主従関係」を結ぶことです。「主」であるあなたが、あなたの都合でメールを起動するようにしましょう。

もし、「メールのポップアップにすぐ反応してしまう」「返信が気になって何度もメールを開いてしまう」という人は、主従関係が逆転している恐れがあります。

ここではメールに振り回されない工夫として、「トリガー」を取り除く方法を紹介します。

私はこれを「脱パブロフ」作戦と呼んでいます。

ご存知の通り、パブロフの犬は、ベルの後にエサを与えられ続けた結果、「ベルが鳴るとエサがもらえる」ことを学習し、ベルの音だけでよだれが出るようになりました。ベルがよだれ（反射）を誘発する「トリガー」となったのです。

メールに振り回される人もこれと同じで、着信音やポップアップがトリガーとなり、反射的にメールを開いているのです。

そうであれば、メールアプリの「アイコンを削除する」「タスクバーのピン止めをやめる」

「ポップアップを解除する」など、トリガーを取り除くことを考えてみましょう。

あなたの都合でメールを開く仕組みを作ることが、集中力を維持する秘訣です。

マルチタスクの罠

授業・分掌・部活・クラス運営など、教員の仕事は常にマルチタスクで進行します。

こうした仕事の特性上、「話を聞きながらPC入力」「会議中に採点」などができれば、どんなに仕事がはかどるだろうと思うこともあります。

しかし、脳科学的には、脳は「マルチタスクができない」というのが通説です。

ワシントン大学の研究では、マルチタスクを行った場合、「作業時間が1・5倍長くなる」「ミスが1・5倍増える」「創造性が大幅に低下する」としています。

マルチタスクに見える場合も、実際には意識がタスクAからタスクBに高速で切り替わっているだけで、同時に処理しているわけではないようです。それどころか、タスクの切り替えに発生する「スイッチング・コスト」が脳への負荷を高める、との指摘もあります。

ちなみに、「印刷中に資料を読む」は、マルチタスクではなく「スキマ時間」の活用になります。両者の違いは、思考を要するか否かで、一方のタスクが考える必要のないスキマ時間の活用ならば、同時作業も有効です。

生産性向上のためには、「あれもこれも」とマルチタスクをするのではなく、できる限りシングルタスクを心がける必要があるのです。

職員室のノイズや割り込み仕事

職場での話し声や電話などの雑音、打合せや来客対応などの割り込みで仕事が中断することは意外に多いものです。そこで、生産性を上げるための試みとして、「仕事に集中する時間」を設定している企業もあります。

その先駆けとなったのがトリンプ・インターナショナル・ジャパンです。トリンプでは、12時30分～14時30分の2時間を「がんばるタイム」に設定して、コピーや電話、立ち歩き、部下への指示や上司への相談などを禁止し、自分の仕事に集中する時間としました。

がんばるタイムは「繁忙期には実行しにくい」「新メンバーのフォローが難しい」などの課題もありますが、社内ではおおむね好評で、主力商品である「天使のブラ」が生まれるきっかけになったとも言われています。

この仕組みをそのまま学校に導入するのは難しいと思いますが、企業の実践例を参考に、がんばるタイムを「学年ごとに設定」「ルールを柔軟に運用する」など、工夫の余地はあるかも知れません。

次項では、職員室のノイズを取り除き、集中するための方法を考えていきます。

●集中できる「環境」を創る

職員室は雑音が多く、散らかっていて、すぐに話しかけられ、常にマルチタスクを強いられる生産性とは程遠い環境です。こうした環境で集中するには何を心がけるべきなのでしょうか。ここでは集中できる「環境」を創るための考え方を紹介します。

邪魔されない朝時間の活用

生産性を高める働き方として、朝型を推奨する本は枚挙にいとまがありません。教員にも実践者が多く、手軽に始められる手法として広く認知されています。

朝型のメリットは、「作業に集中できる」「ウィルパワー全開で即決できる」「脳のゴールデンタイムで創造性が高まる」などがあり、朝の生産性は夜の6倍との声もあります。

ただし、朝型にメリットがあるとは言っても、6時30分に出勤しているなら2時間の時間外労働（コスト増）であることには注意が必要です。早朝出勤のために無理して睡眠時間を削っていれば、睡眠負債によってパフォーマンスが低下している恐れもあります。

近年の研究では、朝型の働き方が合うかどうかは、その人の体質や年齢、習慣などによって変わると言われています。朝活のベネフィットや自身のパフォーマンス、コストなどを総合的に判断し、よりよい環境で生産性を高めていきましょう。

場所を変えると集中力・定着率がアップする

生産性の高いビジネスパーソンがおしなべて朝型かといえば、そんなことはありません。保育園の送迎ため、始業間際に出勤し、バリバリに働いて定時に帰っていくハイパフォーマーなパパ先生・ママ先生も大勢います。

朝時間の確保が難しい場合は、「場所を変える」方法がおすすめです。作業環境を変えることで、集中力や定着率の向上が期待できます。

とはいえ教員の場合、カフェで仕事はできないので、準備室などの活用を考えてみましょう。職員室の雑音を気にすることなく、静かな環境で集中することができます。

ただ、いつも準備室にいるというわけにはいきません。場所を変える際も、緊急に備えて隣の席や教科の先生に居場所を伝えておく配慮は必要だと思います（私の場合、＋αデスクに「準備室で作業中しています。内線○○番」と看板を立てています）。

また、離席した分、どこかで電話当番や雑務など学年のフォローを積極的に行って、組織に貢献する姿勢も大切です。学校全体の動きと、自身のタイムスケジュールを考えながら、「ここぞ」という時には場所を変えて短時間で集中してみましょう。

〆切効果を利用するポモドーロ・テクニック

最後に、「やり方」を変える方法として、ポモドーロ・テクニックを紹介します。

ポモドーロ・テクニックは、タイマー1つで気軽にできる集中法として、古くから親しまれてきた定番の技法です。情報共有や相談などコミュニケーションが密な職員室で行うには不向きですが、朝型や別室と組み合わせれば活用することができます。

ここでは、ポモドーロ・テクニックの手順と、学校用カスタマイズの方法をお伝えします。

ポモドーロ・テクニックの手順

1 タイマーを25分にセットし、25分作業に集中する
2 タイマーが鳴ったら作業終了
3 タイマーを5分にセットし、休憩する
4 1〜3を4回繰り返し、20分休憩する

ポモドーロ・テクニックはシンプルな方法ながら、集中するという意味では抜群の効果を発揮します。実際に行うと25分はあっという間で、作業が順調な時ほど作業を続けたい衝動にかられますが、休憩は必須と言われています。

なぜなら、ポモドーロ・テクニックの肝はこの休憩にあり、疲れる前に休むことでロングレンジ（90〜120分）の集中が可能となるからです。

私は、授業開始のチャイムでタイマーをスタートし、「作業25分―休憩5分―作業20分」を

行って、授業終了のチャイムで終了する短めの方法をよく使います。

なお、「再集中に23分かかる」というカリフォルニア大学の研究から、休憩（作業の中断）が集中力に悪影響を与えるのではないか、と思う人もいるかも知れません。

しかし、グロリア・マーク教授は、作業を中断して別の作業をすることの弊害を指摘しているのであって、同一作業における「休憩」を問題視しているわけではありません。

それどころか、作業の「中断」は集中力を高める、との指摘もあります。

「ツァイガルニク効果」という言葉をご存知でしょうか。いいところで終わったドラマの続きが気になるように、未完了の事柄ほど記憶に残る心理現象です。

休憩による中断もこれと同じで、強制的に作業を終了すると「続きがやりたい」「やり残しが気になる」という気持ちになり、モチベーションや集中力を高めるのです。

ポモドーロ・テクニックと休憩を上手く活用して、一気に作業を終わらせましょう。

スキルV　仕組み化メール術

前項で、集中力を妨げる要因を取り除く方法として、メールと「主従関係」を結ぶことをお伝えしました。ここでは生産性向上のための具体的なメールの活用方法を解説します。

●メールの優位性とは何か

まず考えたいのは、「何のためにメールを使うか」というメールの使用目的です。

近年は、コミュニケーションツールの多様化により、メールの地位は相対的に低下していま す。では、なぜ私たちはメールを使うのでしょうか。

メールの優位性は、「一斉送信ができる」「履歴が残る」「テンプレートによって省力化できる」「データを添付できる」などにあります。

しかし、これらの機能はすべて teams などのグループウェアで代替可能となったため、メールを使う理由は薄れています。

次に、連絡先別に最適な連絡ツール考えてみましょう。私は、次頁の表のように連絡先（相手）によってツールを使い分けています。

こうして見ると、校内でのメールの優位性は薄れていますが、保護者や業者など外部との連絡はメールが効果的な場面もあります。

前例踏襲や惰性ではなく、どの場面で・どのように使えば効果的かを考えながら、メールを使っていきましょう。

●Google 社員はGメールを使わない

メールの地位低下の流れはビジネスの世界では一層進んでいるようです。

『世界一速く結果を出す人は、なぜ、メールを使わないのか　グーグルの個人・チームで成果を上げる方法』では、Google 出身の著者ピョートル・フェリークス・グジバチ氏がこう述べています。

「Google 社員はGメールを使わない」

彼は「持ち帰り文化」のメールより、直接話したり、別のツールを使った方が問題解決は速いと言います。「自分の仕事をなくすことがイノベーションの土台」と考える企業は、自社開発の世界的インフラすら否定するのか、と驚きましたが、私もこの意見に賛成です。

例えば、メールでのやり取りの際、ミス・コミュニケーションや情報の非対称性などから意図が伝わらず、メールを何往復もした経験はないでしょうか。問題解決どころか、問題が増えてさらに時間が奪われる。これは、メールという「コミュニケーションツール」を、「問題解決」に使っていることに原因があります。

こうしたムダを省くには、「メールを使う場面を限定する」「メールは早期にクローズさせる」「説明が難しい場合はリアルタイムコミュニケーション（電話・チャット・ビデオ通話）を利用する」などを心がけることが有効です。

社会インフラとなったメールを手放すことには抵抗があります。しかし、ＦＡＸやテレビ電

連絡先と連絡ツール

連絡先（相手）	主な連絡ツール	用途
生徒	Google クラスルーム	授業・クラス・部活の連絡
教員	Teams	業務連絡、回覧など
保護者	電話	事務連絡、相談・報告
	メール	事務連絡、学級通信
業者など外部機関	電話	確認事項（簡単なもの）
	メール	見積もり依頼・発注依頼 確認事項（履歴に残す）

話が姿を消しつつあるように、グループウェアの普及によってメールも過去のものとなりつつあるのかも知れません。

数あるツールの中から、場面や相手に応じた最適なものを選ぶことで、時間を守ることができるのです。

メールの二大問題とは

本書の執筆にあたり、教員やビジネスパーソンにアンケートを依頼したところ、メールの困り事として多かったのは、「①メール処理に時間がかかる」「②メールの管理方法が分からない」の2つでした。

一般に、課題感が強いのは①だと思いますが、②を整理することで①も改善します。

ここでは、②の対策として「メールの仕組み化」を解説した上で、①の対策として「メールの運用方法」を紹介したいと思います。

●メールの導線設計

メールの仕組み化でもっとも重要なことは、メールの受信から処理までの導線をしっかり設計しておくことです。これによって、煩雑な作業から解放され、メール処理の時間を大幅に短縮することができます。導線設計の手順は次の通りです。

STEP1　未読メールを0にし、「アーカイブ」フォルダを作成する

事前準備として、受信トレイの未読メールを０にし、アーカイブフォルダを作成します。

STEP2　「受信トレイ」のメールをすべてアーカイブへ入れる

受信トレイの全メールをＳＴＥＰ１で作成したアーカイブに移動させます。これにより、受信トレイは空の状態になります。

STEP3　新着メールを①②③のルールで処理する

①不要なメール：不要なメールは削除します。メールを読み、不要と判断したものはその場で「delete」しましょう。

②読むだけでよいメール：メルマガや連絡事項など、アクションの必要ないメールは、「アーカイブ」へ移動させます。

③返信または作業が必要なメール：返信や作業が必要なメールは、作業完了後にアーカイブへ移動させます。「メール確認↓返信または作業↓アーカイブ」という流れです。

メールは、最終的に削除またはアーカイブするため、アーカイブへの移動をショートカットに登録しておくと便利です。

STEP4　受信トレイに残っているメールは適宜処理する

STEP1〜3の手順により、受信トレイにあるのは、「未読メール」または「既読だが未返信・未作業のメール」のいずれかとなります。要するに、未処理メールのみ受信トレイに残っている状態です。未処理メールは、STEP3と同じ方法で処理すればOKです。スキマ時間に処理しましょう。

このような仕組みを作り、「受信トレイ＝未処理リスト」とすることで、返信・作業モレを防ぐことができます。メールをもう一つのtodoリストとして利用するのです。

ただし、「受信トレイ＝未処理リスト」が機能するためには、受信トレイが空であることが前提となります。これがSTEP1で、未読メールを0にし、「アーカイブ」させた理由です。

このように機械的に処理すれば、メール管理で頭を悩ませることはなくなります。

まずはしっかりと導線設計し、ルールに則って運用していきましょう。

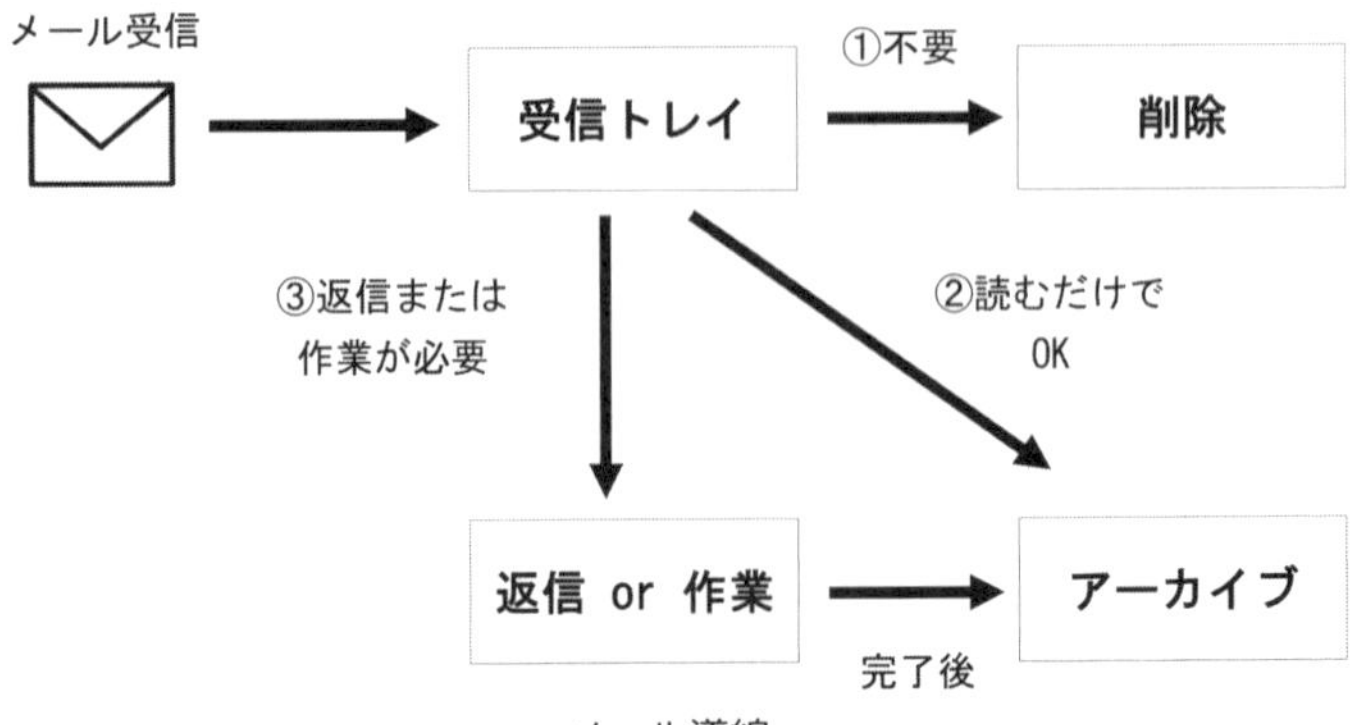

メール導線

●フォルダでなくタグで管理する

お気づきの通り、この管理方法はメールをすべてアーカイブするため、フォルダによる整理をしていません。その理由は、次の通りです。

①メールをtodoリストとして利用する（受信トレイ＝未処理リスト）
②フォルダ作成やフォルダへの振り分けが煩雑
③メールに複数の属性がある場合、保存先（フォルダ）を決めにくい

③は、いわゆる「こうもり問題」のことで、こうもりが「獣」と「鳥」の属性を持つように、メールに複数の属性がある場合、分類が難しくなる問題です。

例えば、「R5年度　部活動予算」というメールは、「部活」と「会計」どちらのフォルダに分類すべきでしょうか。分類に迷ったメールは、後日そのメールを探す時も、必ず検索先に迷います。そのため、メールは時系列でアーカイブし、過去メールを参照する際は、検索機能を使えばいいのです。

とはいえ、ある程度の属性に分けたいというニーズはあると思います。その場合は、「タグ付け」がおすすめです（Outlookでは「分類」、Gmailでは「ラベル」）。

タグ（荷札）は、メールに複数付けることができるため、「部活」と「会計」の両方のタグを付ければ、どちらのワードで検索してもヒットします。

「こうもり問題」は、タグ付けによって解決できるのです（紙ベースの「こうもり問題」の解決方法は、「ストック書類はカテゴリー別に分類する」を参照）。

●メールの件名でアクションを明確化

メールの送信相手に確実に行動してもらうためには、送信メールの件名に「起こして欲しい行動」を明記する方法が有効です。

例えば、返信が欲しいなら【要返信】、依頼をしたい場合は【お願い】と記載することで、こちらの求めるアクションが伝わりやすくなります。

それにより、ミス・コミュニケーションのリスクを減らし、追加の連絡や催促のメールなど、不要な一手間（時間の浪費）を防ぐことができます。

メールの時短は、ショートカットやタイピングなど処理速度の向上を考えがちですが、それらは枝葉であって、本当に重要なのは、機械的にメールを処理する仕組みを作ることです。

「メールの導線設計」「タグ付け管理」「メール件名でのアクションの明確化」という仕組み化で、煩雑な作業を効率化していきましょう。

●メールチェックは1日1回疲れた午後に

メールの運用方法は、「メールチェックのタイミング・回数を決める」「メール処理に標準時間を設ける」などがおすすめです。

メールチェックのタイミングで一般的なのは、①朝一（始業前）、②午後、③退勤前などではないかと思います。私のサラリーマン時代はまさにこのタイプでした。

しかし、教員に転職して業務効率を追求する中で、メールチェックは午後の空いた時間に1回だけという形に落ち着きました。

その理由は、「メールの受信数が少ない（経験的には民間企業の1／10）」「急ぎの用件なら電話が来る」「脳のゴールデンタイムをメールに費やすのは損失」などです。

1日に何度もメールを開く人は、「返信はできるだけ早く」という配慮があるのだと思いますが、電話でなくメールが来るのですから、先方にはメールを作成する時間も返信を待つ余裕もある、ということです。

また、朝一のメールチェックもあまり合理的とは言えません。仮に朝一のメールで急ぎの案件があったとして、授業で手一杯の午前中に対応する余裕があるでしょうか。

しかも、多くの場合、相手は業者などの外部機関です。生徒対応なら授業を度外視すべきこともありますが、業者との連絡を、メールで、しかも緊急に行わなければいけない場面は、私はこれまで経験したことがありません。

こうした理由から、現在は「メールチェックは1日1回。疲れた午後に」行うのが私の習慣になっています。

●メール処理の標準時間（制限時間）を設定する

メールチェックのタイミングが決まったら、次はメール処理の標準時間を設定しましょう。

例えば、次のようなケースでは、メール処理にどのくらいの時間が必要でしょうか。

- ・1日あたりの平均メール受信数　10件
- ・1件あたりの閲覧時間　1分
- ・そのうち返信が必要なメール　5件
- ・1件の返信につき作業時間　3分（やや甘めに設定。短縮可能）

このケースでは、メール処理は1日30分もあれば十分だと思います（閲覧10分＋返信5件×3分＋バッファ5分＝30分）。

メール処理の標準時間を決めて、それ以上メールをしなければ、意識的にムダを省くことができます。返信に時間がかかるような重たい案件は、30分で可能な分だけメールを作成し、それ以上の作業は翌日のタスクとします。

なお、標準時間を確保できない場面でのメールチェックはおすすめしません。

特に「スキマ時間の3分でメールを読み、返信は後でやろう」という段取りは、やめておいた方が無難です。その理由は、①込み入った内容の場合、3分で読み終わらず次の予定に差し障る、②「読む」と「返信」を分けると二度手間になることです。
②は、メールの読了後、返信までに時間がかかると、内容確認のため再度メールを読まなければならない、ということです。
このような二度手間を省くために、読んだメールはその場で返信しましょう。そのためにも、メールチェックはまとまった時間で行う方がよいのです。

● CCメールは見ない

私は、CCメールを読むことはタイパが悪いと思っています。メールを送る相手を吟味せず、一斉送信されたCCメールが、無関係の人たちの時間を奪っているからです。

これが一度や二度ならよいのですが、長文のCCメールを読み終えたら、自分とは無関係のトピックだった、ということが何度も起これば時間の損失は相当なものです。

送信メールは、どの部署に関係し、誰に読んで欲しいのか、しっかりと精査してTOメールで送ることも業務改善の一環だと思います（意図的なCCは除く）。

管理職や分掌リーダー、学年主任などCCメールの受信が多くなる先生は、CCのタイトルだけ見ておく方法もあります。加えて、CCメールにはタグを付け、検索できるようにしておけば、問い合わせがあった時もすぐに対処できます。

メールを送る際は、CCでなくTOメールで送りましょう。そうしたささやかな業務上の気遣いが、ムダな作業や非効率の削減につながっていくのです。

●短文メールを文化にする

メール処理の時間を短縮するには、メールを短文にすることも有効です。上司や外部へのメールは体裁が気になりますが、生産性向上のためには、「丁寧さ」から「スピード」にシフトするマインドセットが必要だと思います。

私自身、ある管理職から「メールは用件だけで構いません。あいさつも不要なのでできるだけ省力してください」と言われ、メールの負担が減りました。

こうしたメールの短文化・省力化は、校内ルールとしては機能しやすいと思います。誰かが旗を振ればその方向に進むからです。

しかし、同じ自治体でも、他校へのメールは失礼があってはいけないという心理から、体裁を整えるのに時間がかかることもあります。ならば、教育委員会が主導して、メールの短文化（簡略化）の音頭を取ってはどうでしょうか。

学校間メールの作成時間が半分になれば、自治体全体の時短効果は相当なインパクトになります。特に、教諭以上に過酷な労働環境にある管理職のメール処理が軽減すれば、その時間をもっと本質的な業務に割り振ることができます。

予算をかけずにできる業務改善として、教育委員会にはぜひメールの短文化の旗を振って欲しいと思います。

●1メール1トピック

メールの短文化のコツとして「1メール1トピック」の原則があります。一通のメールに複数のトピックを盛り込むと、どうしても長文になってしまいます。

長文メール（複数トピック）は、「作成に時間がかかる」「抽象的な件名になりがち」「回答モレが起きやすい」などのデメリットがあります。

例えば、次頁の表のようなメールを考えてみましょう。ここでは3点を議題としています。

①打合せの参加の可否
②資料の準備のお願い（持参またはメールのデータ添付）
③分担金の了承

これに対する返信が「○○高校参加させて頂きます。よろしくお願いします」の場合、②③について追加の質問が発生し、さらにもう一往復メールをしなければなりません。

しかも、議題の多さから「合同学校説明会について」など抽象的な「件名」にならざるを得ず、受信者が他にも同種のメールを受信している場合、件名だけで内容を判別することができません。

話の性質上、①②はセットにしても、③は異論・反論が出ることも想定して、別のメールに分けた方が送信者・受信者双方にとって有益だと思います（①②をセットにする場合も、②について持参かデータ添付か回答を求めた方がヌケモレは減る）。

メールを分けるのは二度手間に見えて、1メール1トピックの原則がメールを「早期クローズ」させるコツなのです。

合同学校説明会について

各位

お世話になっております。
○○高校の××でございます。

合同学校説明会につきまして、以下の日程で打合せを行いたいと思います。
つきましては、参加の可否をご返信頂きますようお願いします。

なお、当日は各校の進捗をお伺いしたいと思っております。
大変お手数ではございますが、10校分の資料をご持参頂くか、
またはメール添付にてデータをお送りください。

また、合同学校説明会の各校の分担金につきましては、
3万円で調整しておりましたが、現在まで特にご意見がないため、
最終決定とさせて頂いてよろしいでしょうか。

お忙しい中大変恐れ入りますが、●月●日（水）までに
ご返信頂きますようお願い申し上げます。

以上、ご確認お願いいたします。

□□□■■□□□■■□□□■■□□□■■
○○立○○高等学校
3学年 ×××太郎
住所 東京都渋谷区●●●●●
TEL 03-3464-●●●●

複数トピックのメール例

●メールこそショートカットを使う

メール処理を高速化するためには、ショートカットの活用も有効です。

私は、Word や Excel のショートカットは月並みのものしか使えませんが、メール（Outlook）

とパワーポイントのショートカットはタイパが良いため、それなりに勉強しています。

メールもパワポも使う機能はそれほど多くありません。

メールなら、「メールを開く」「データ添付」「アーカイブ」「タグ付け」などができれば十分です。そのため、覚えるショートカットも最小限でよく、その意味でメールのショートカットはタイパがよいのです。

以下、Outlookの「おすすめショートカット10選」を一覧にしましたので、ぜひ活用しながら覚えてみてください。

●単語登録を充実させる

メールはスピードを重視すべきと述べましたが、そうは言っても最低限の体裁は必要だと思います。

メール本文の構成は、「①宛先」「②あいさつ文」「③所属・名前」「④用件」「⑤署名」となっているので、簡略化できない部分は単語登録を活用することで時短が可能です。


Outlookおすすめショートカット10選

NO.	ショートカット	操作
1	新規メール作成	Ctrl＋N
2	返信	Ctrl＋R
3	全員に返信	Ctrl＋Shift＋R
4	転送	Ctrl＋F
5	メールを送信する	Ctrl＋Enter
6	メールを開く	Enter
7	開いているメールを閉じる	Esc
8	次のマスに進む（宛先→CC→件名→本文）	Tab
9	前のマスに戻る（本文→件名→CC→宛先）	Shift＋Tab
10	検索ボックスを開く	Ctrl＋E

単語登録は、あらかじめPCに登録した単語を、変換候補に表示してくれる機能です。

学校は特殊な言葉が多いので、「きゅ↓給特法」「そう↓総合的な探究の時間」「がく↓学習指導要領」などと登録している先生も多いのではないでしょうか。

私はこの機能を活用して、「あいさつ文」「学校の住所や電話番号」「メールアドレス」「英単語」「業務上必要なワード」「生徒名」などを登録してます。

ショートカットと単語登録を活用し、1メール1トピックにすれば、簡単なメールなら1分でできるようになります。

単語登録すると便利なワードの例を記載しますので、参考にしてみてください。

単語登録すると便利なワードの例

よみ	単語
あり	ありがとうございます。
いじょ	以上、よろしくお願い致します。
おせ	お世話になっております。〇〇高校の××でございます。
おて	お手数をおかけしますが、宜しくお願い致します。
おつ	お疲れ様です。××です。
こう	高等学校
ごか	ご確認よろしくお願い致します。
ごさ	ご査収の程よろしくお願い致します。
こん	今後ともよろしくお願い致します。
じゅ	東京都渋谷区●●●●●（学校の住所）
でん	03-3464-●●●●（学校の電話）
ふぁ	03-3464-●●●●（学校のFAX）
こうほび	日程につきまして、以下の候補日はいかがでしょうか。 【1】　月　日（）　：　〜　： 【2】　月　日（）　：　〜　： 【3】　月　日（）　：　〜　：
げ	（月）
か	（火）
す	（水）
も	（木）
き	（金）
ど	（土）
に	（日）

●　○○化すれば10秒でメール送信

実は、単語登録よりも速く、10秒でメールを送る方法もあります。

それはテンプレートの活用です。テンプレートとは、あらかじめ準備しておく「ひな形」のことです。Outlookであれば「クイック操作」、Gmailであれば「返信定型文」から作成することができます。

単語登録は、最大60文字しか登録できませんが、テンプレートは文字数に制限がなく、メールの全文を登録することもできます。

例えば、業者への「見積もり依頼」に下表のようなテンプレートを作っておけば、必要事項（宛先と見積もり内容）を記入するだけで、あっという間にメールを送ることができます。

しかも、テンプレートは一度作成したものを何度も使うため、文章の見直しも最小限（今回の場合2カ所）で済み、時短の面で一石二鳥です。

メールのテンプレートとして有用なものを例示しますので、時短で生み出した時間でテンプ

【依頼】見積もり作成のお願い

●●株式会社
△△様

お世話になっております。
○○高校の××でございます。

本日は以下の見積もりをお願いしたく
ご連絡差し上げました。

■見積内容

なお、見積書はPDFにてメール添付頂けますと幸いです。
お手数をおかけしますが、何卒よろしくお願い申し上げます。

「見積もり依頼メール」のテンプレート

レートを作成してみてください。

●業者へのメール
見積もり依頼、納品依頼、資料送付のお願い、礼状、アポイントメールなど
●保護者
欠席時の連絡、保護者面談のお知らせ、提出のお願い、事務連絡など

スキルⅥ ＩＣＴ活用（学校版10Ｘ）

時短・生産性向上にとって、ＩＣＴは死活的に重要です。

作業の効率化だけでなく、リアルタイムの情報共有や、主体的・協働的な学びを引き出すこともでき、コスト削減と成果アップを同時に実現できるツールだからです。

学校にはＩＣＴに苦手意識のある先生もいますが、「Ｉ（いいね）、Ｃ（ちょっと）、Ｔ（使ってみよう）」を合言葉に、遊び感覚で始めてみてはいかがでしょうか。

ここでは、私が実際に使ってみて学校業務と親和性が高く、操作も簡単なツールを厳選して５つ紹介したいと思います。

● Trello

Trelloはカード（看板）型のタスク管理ツールです。付箋にタスクを書いて壁に貼るように、Trelloではカードにタスク・〆切などを入力し、ボードに貼ることにより、タスクを「見える化」することができます。

例えば、タスクの進捗ごとに、「①一時トレー、②未処理、③作業中、④確認中、⑤完了済」の5つのカテゴリーを作り、そこにタスクを入れれば、タスクのステータスが一目瞭然です。「書類管理」で紹介した保管トレーを変える（書類を移動させる）方法は、物理的にトレーを置く場所が必要ですが、Trelloを使えばデスクのスペースを圧迫することもありません。

また、分掌リーダーや学年主任などの先生は、カードに担当者の名前を入力して、「依頼中」のカテゴリーに入れておくと、誰に何を依頼しているのか一目で分かります。

さらに、chrome拡張機能「The leading Gantt Chart for Trello」をインストールすれば、ガントチャートまで表示でき、プロジェクトの全体像や担当者の業務負荷を可視化することができます。

このように、Trelloは個人とチームのタスク管理に役立つツールなので、ぜひ使ってみてください。

● ＯＣＲ機能

ＯＣＲは国語科や地歴公民科にとって、救世主のようなアプリです。ＯＣＲとは、端的に言えば、「文字起こし」のことで、撮影した文字情報をワンクリックでテキストデータ化してくれます。

学校では、教材やテストを作成する際、教科書・資料集などの紙媒体からの引用も多く、文章を手打ちすることもしばしばでした。

しかし、ＯＣＲを使えば、10秒で文字起こしをしてくれます。文字起こしされたテキストは電子データ化されるので、コピーして貼り付けるだけで作業完了です。

ＯＣＲアプリとしてもっとも手軽なのはＬＩＮＥです。ＬＩＮＥにはＯＣＲ機能が実装されているため、この便利機能をスマホ一つで、しかも無料で利用することができます。

また、あまり知られていませんが、Google ドライブにもＯＣＲ機能があります。

Googleドライブに保存したJPEG・PENGなどの画像やＰＤＦデータは、「Google ドキュメントで開く」をクリックするだけで、文字起こししてくれます。

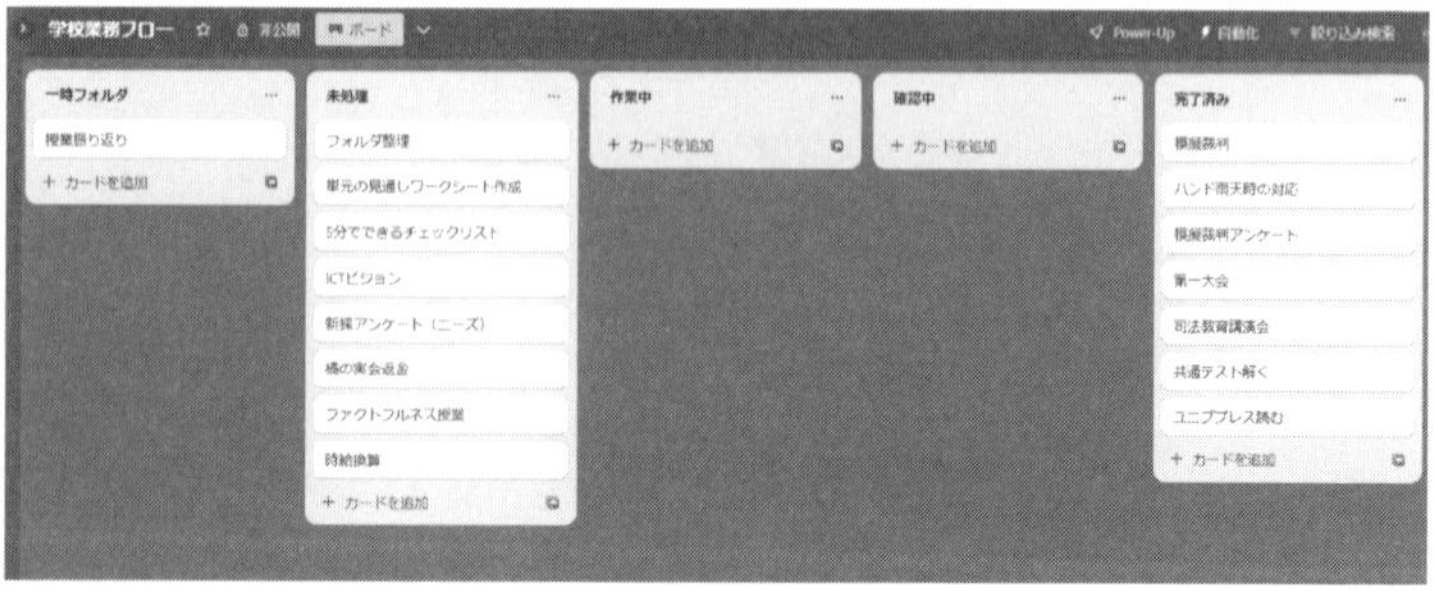

Trello ボード画面

このように、OCRを使えば、10秒で文字起こしができるため、手打ちで5分かかる作業ならスピードは30倍、10分なら60倍です。

Google は成果を10倍にすることを10Xと呼びますが、60倍の時短ですから10Xどころではありません（厳密には時短は成果ではありませんが）。

ぜひOCRで学校版60Xを実現してみてください。

●スピーチノート（音声認識）

音声入力は時短の定番アイテムですが、その利点を一歩進めて、音声入力を会議で使ってみてはどうでしょうか。スピーチノートを使えば、会議の文字起こしを自動で行うことができ、会議終了時に議事録を完成させることができます。

音声入力は、音声が途切れると音声認識も止まる使い勝手の悪さがありました。

しかし、スピーチノートは停止ボタンを押すまで音声認識を続けるため、会議など長時間の文字起こしをすることができます。バックグラウンドでも動作しており、ネットで調べものをしながら、発声してテキスト履歴を残す、という使い方もできます。

また、記述式のアンケートを文字起こしする際も、スピーチノートを起動して読み上げれば、作業時間をタイピングの1／10にすることができます。

● XMind

XMindは、無料で使えるマインドマップ作成ツールです。シンプルな操作で紙に書くのと同じように使うことができます。

マインドマップは、学校でも使われる定番の思考ツールで、その強みは何と言ってもアイディアを「見える化」できることでしょう。深掘りしたいテーマを中心に配置し、そこから連想される単語やフレーズを書き出すことで、思考の過程が見える化されます。

ブレストとも親和性が高く、両者を組み合わせることによって、アイディアを連鎖的に生み出すこともできます。

アメリカの実業家ジェームズ・W・ヤング氏は、著書『アイデアのつくり方』で「アイディアは既存の要素の組み合わせ以外のなにものでもない」と言います。

つまり、新しいアイディアは、「既存A」と「既存B」をかけ合わせて、「新規C」という形で生み出される、ということです。

この点、マインドマップは、テーマから連鎖的にアイディアを広げていくため、一見遠くに位置する概念（単語・フレーズ）でも、それらを組み合わせることで、思いもよらぬアイディアを生むことがあります。

この性質により、授業などクリエイティブな発想が求められる場面でマインドマップを活用すると、これまでになかった新たな発想が生産性の向上に寄与するはずです。

● Workflowy

Workflowy は、クラウド型のアウトライナーツールです。発散思考のマインドマップに対して、出力したアイディアを体系的に整理するのがアウトライナーです。

アウトライナーは、箇条書きテキストの順序を入れ替えたり、階層化して情報を整理したりすることができ、レポートの見出しやプレゼンの構成を考えるのに便利です。

私は、プレゼンを行う際、マインドマップでアイディアを出し（発散思考）、それをアウトライナーで体系化・階層化（収束思考）するようにしています。

理由は、話の順序や文章構成を整理することで相手に意図が伝わりやすくなるからです（この本も①マインドマップでアイディア出し→②アウトライナーで体系化→③スピーチノートで原稿を書く、という方法で執筆しています）。

研究紀要や実践報告書の作成などにもおすすめのツールです。

【図説】タスク管理フローチャート

「生産性向上のスケジューリングのコツ」では、新着タスクを翌日に回す「マーニャの法則」を紹介しました。

しかし、緊急の案件ではそうはいきませんし、すぐに終わる仕事をわざわざ todo リストに記入して、後回しにするのも効率がいいとは思えません。では、新着タスクはいつ実行すればよいのでしょうか。タスクの受領から実行までのプロセスをフローチャート化したので参考にしてみてください。

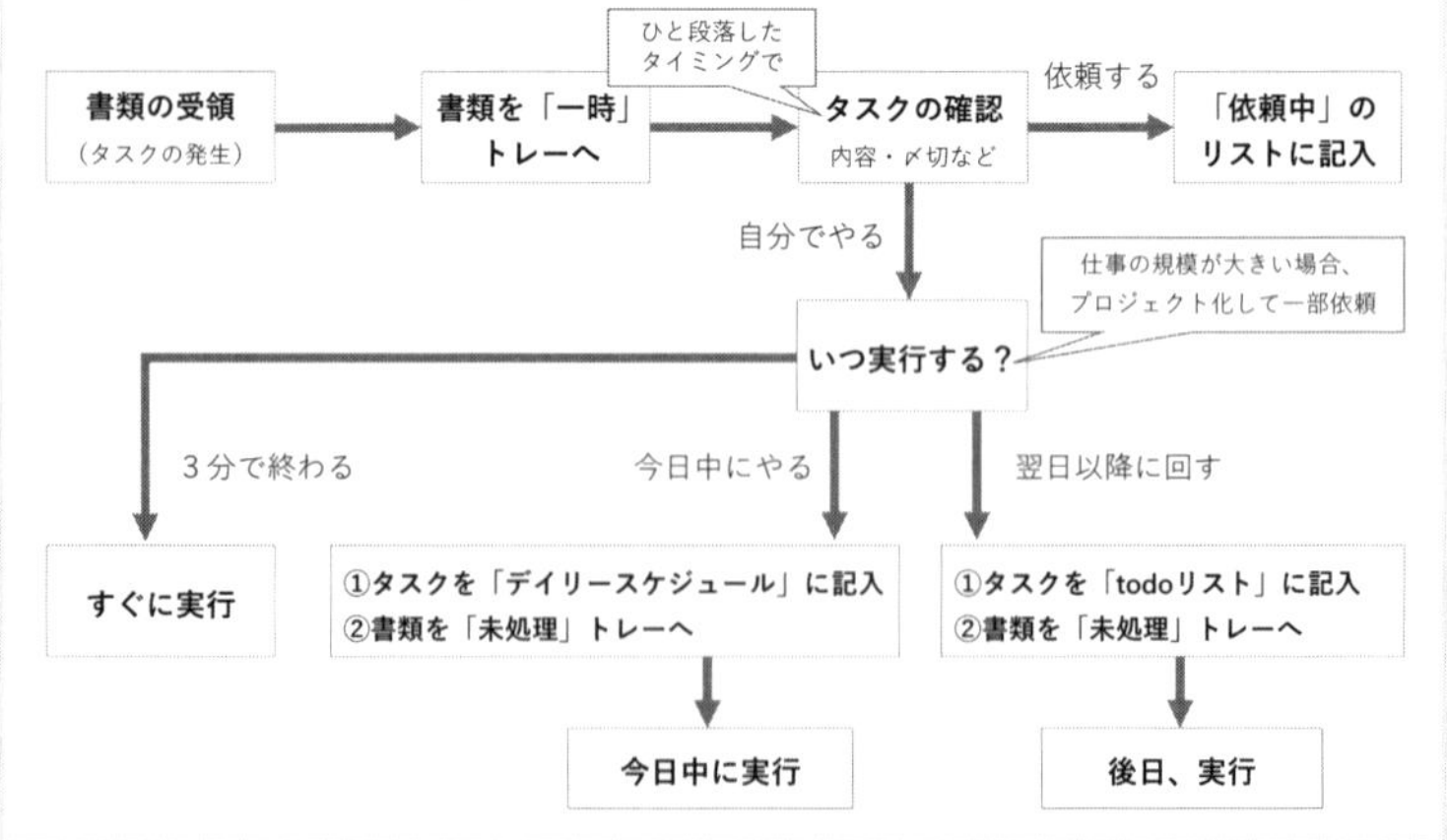

タスク管理フローチャート

第6章

学校組織の生産性

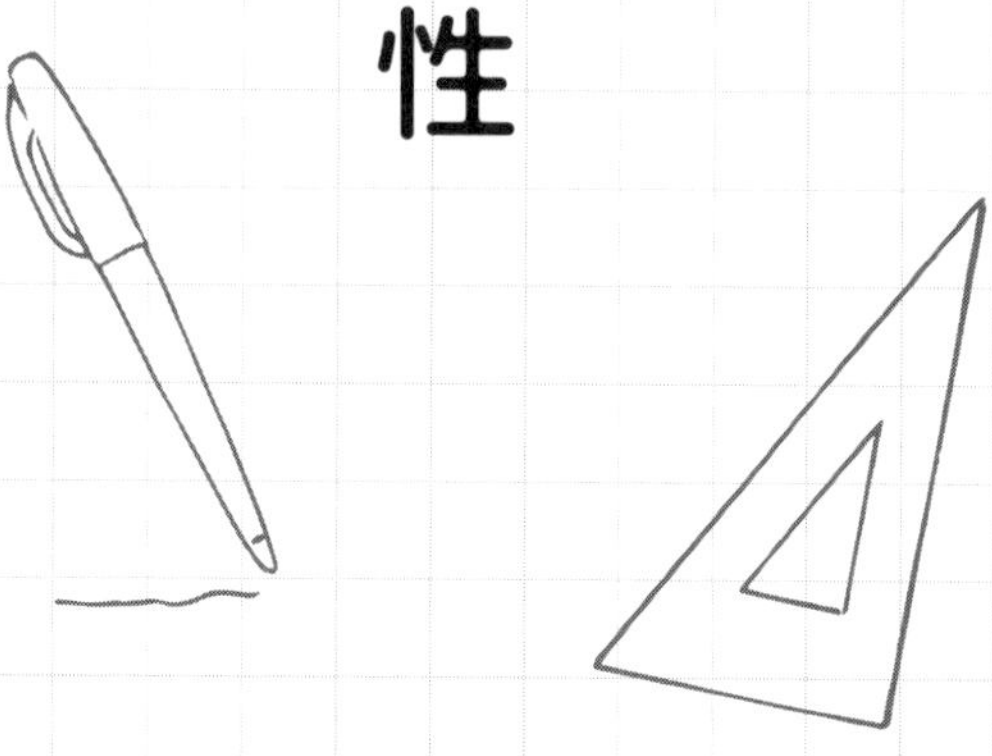

ここまで月30時間の自由を生み出すために、仕事の進め方や時短スキルなど、個人の働き方にフォーカスして解説してきました。しかし、いくらスキルアップ（生産性向上）しても、学校が際限なく仕事を増やすようでは時間はいくらあっても足りません。

組織論はそれだけで一冊のテーマになるため、ここでは一部しか触れられませんが、終章として「学校組織の生産性」について述べたいと思います。

ビジョン型経営で業務改善を推進する

マネジメントの視点で見ると、学校の「ビルド&ビルド」の原因は、「ビジョンが不明確」なことにあります。つまり「優先順位」が付かないから、やめられないのです。

こう言うと、教育ビジョンのある自治体から反論されそうですが、ではそのビジョンは具体的な行動基準まで落とし込まれていますか？ 総花的な表現になっていませんか？

ビジョンが抽象的で「あれもこれも（大事）」と言っていたら、すべてに全力を注がなくてはなりません。これが「ビルド&ビルド」の原因です。

ビジョンとは本来、判断の「拠りどころ」となるものです。例えば、オリエンタルランドの「The Five Keys（5つの鍵）」は、ハピネスを創造するための行動基準ですが、これらは次のように優先順に①～⑤に並んでいます。

The Five Keys(5つの鍵)
① Safety（安全）、② Courtesy（礼儀正しさ）、③ Inclusion（インクルージョン）、
④ Show（ショー）、⑤ Efficiency（効率）

そのため、ディズニーランドでは、床にこぼれたジュースを清掃する際、従業員は立ったまま足を使って拭き取ります。なぜなら、しゃがんで清掃すると、周囲に気を取られているゲストがぶつかって転倒する恐れがあるからです。

こうした判断ができるのは、ハピネスの創造のためには、「②礼儀正しさ」より「①安全」を優先すべきことを従業員一人ひとりが理解しているからです。

このように、ビジョンとはAかBかの選択を迫られた時に、判断（行動）できる基準まで落とし込まれて初めて意味を持つのです。

とはいえ、教育が「知・徳・体」を育むものである以上、ビジョンが全人的な表現にならざるを得ないことも分かります。ビジョン策定に市民が参画していれば尚更でしょう。

しかし、それでも学校単位でビジョン（目指す生徒像・身に付けたい力）に優先順位を付けることはできます。そして、ビジョンを利用すれば、学校として優先度の高いイシュー（課題）に注力し、そうでないものはやめる判断をすることもできます。

ビジョンによる業務改善の４ステップ

1 「目指す生徒像」や「身に付けたい力」の明確化（ビジョンの設定）
2 ビジョンの実現に向けた課題の抽出と優先順位の検討
3 リソースの状況を踏まえ、課題解決のための取組みを検討・実行する
4 優先度の低い業務の削減を検討（ECRS＝やめる・統合する・交換する・簡素化の視点）

なお、学校としての優先順位付けが難しい場合でも、管理職から教員一人ひとりに期待する役割を明示すれば、それが判断の拠りどころとなります。学校のビジョンは、「職員の総和」で達成すべきものであって、一人ひとりの教員がすべてのビジョンを背負う必要はないのです。そのことを管理職から伝えてもらうだけで救われる教員は大勢いると思います。

こうした「目指す生徒像」から逆算して教育活動を編成する営みは、カリキュラム・マネジメントそのものなので、管理職も取組みやすい施策ではないでしょうか。

業務改善は、カリキュラム・マネジメントの一環として進めていきましょう。

会議とボトムアップ型の意思決定

「時間がかかる」「ムダが多い」「意見がまとまらない」など、民間企業でもネガティブな意見の多い会議ですが、学校の会議にはどのような特徴があるのでしょうか。

教員勤務実態調査（２０２２）によると、１日の会議時間は小学校・中学校ともに約20分となっています。１週間で１００分は決して長くはありませんが、新採用もベテランと同じように会議に参加するため、短時間の打合わせも含めれば、学校は会議のコスト（時間×回数×人数）が大きな組織と言えます。

では、なぜ学校には会議が多いのか——。生産性を考える上では、その理由を明確化・言語化しておくことも大切です。

学校に会議が多い理由は、「所属コミュニティが多い」「意思決定がボトムアップ」「全員での合意形成」などにあると私は考えています。

学校には、教科・学年・分掌などのコミュニティがあり、一人の教員がいくつものコミュニティを掛け持ちします（例：数学科・２年担任・進路分掌・陸上部・入試ＷＧ）。

そして、そのすべてのコミュニティに会議があるため、「会議のはしご」も珍しくありません。所属チームやプロジェクトが限られる企業からすると、これは非常に特異なことです。

また、意思決定プロセスがボトムアップであることも、会議を増やす原因です。

例えば、体育祭を企画する際の意思決定プロセスは、「①担当者が要項（原案）を作成→②分掌会議で合意形成→③企画会議での検討→④職員会議で決裁」という流れになります。

したがって、会議はスムーズに進んだ場合でも最低３回。

もし「④職員会議」で疑義が生じた場合、「②分掌会議」まで差し戻され、修正案が再度③

④に提案されるため、6回以上の会議が行われます。これでは会議が増えて当然です。
会議の効率化で有名なメソッドは、「会議1／8ルール」です。会議の「所要時間」「参加人数」「資料の枚数」をそれぞれ半分にすれば、「1／2×1／2×1／2」で会議のコストを1／8にすることができます。

また、会議の目的は、①情報共有、②意思決定、③アイディア出し、④問題解決などですが、会議の生産性を高めていくためには③④に注力することが大切です。

そのような環境を創るため、

・教員の所属コミュニティを減らす（担任は分掌外にするなど）
・意思決定プロセスを簡素化し、決定権者を明確化する
・情報共有は teams を活用し、会議の定例化をやめる

などを検討してはどうでしょうか。会議のコストを減らしつつ、質を上げる取組みこそ、効率と効果を高める生産性（タイパ）向上の施策なのです。

期待値を超えすぎてはいけない

仕事の質で100％（完璧）を目指してはいけないことは既に述べました。

では、上司や同僚から依頼された仕事は、50点でいいのか、それとも80点が必要なのか、その基準となるのは相手の期待値です。

期待値は、一般にQCD（質・コスト・納期）で構成されますが、ここでのポイントは、期待値を「少しだけ」上回ることです。決して大幅に上回ってはいけません。

例えば、あなたがラフ案のつもりで依頼した書類が、細部までこだわった品質で提出されたらどう思うでしょうか。初めは好印象かも知れません。しかし、冷静に考えると、「書類作成にどのくらいの時間がかかったのだろう・・」「その時間で別の仕事もできたのでは？」という感情も芽生えるのではないでしょうか。

こうした場合も、相手を慮って「ラフ案でよかったのに」とは言いにくいものです。そのため、過剰品質においてはミスマッチのムダに気付くことが難しくなります。

依頼を受ける際は、アウトプット（成果物）のイメージを共有して、相手の「期待値」を見きわめることが重要です。

そして、それを「少しだけ」上回ることがタイパのよい働き方なのです。

●引き際を見きわめるコツ

「期待値を少しだけ上回る」とは、言い換えれば、仕事の「引き際を見きわめる」ことです。とはいえ、できるだけよいものを目指したい完璧主義の人は、その見きわめが難しいのだと思います。そこで、引き際のタイミングを、仕事の「①完成度（質）」「②〆切（時間）」の二軸で判断する方法を紹介します。

まず、「時間をすべて使うこと（パーキンソンの法則）」を防ぐために仕事の「①完成度（質）」が目標に達した段階でやめることを考えます。

グラフでは完成度の目標を70％に設定していますが、〆切よりも早く70％に達したら、そこで作業を終えれば時間を浪費することはありません。

しかし、完璧主義者はそれが難しいわけです。そこで作業終了のタイミングを二段構えにして、「この日でやめる」という「②〆切（時間）」も設定しておきます。

グラフ上の納期は、デッドラインとなる実際の〆切ですが、それよりも数日前に自分専用の「〆切（仮納期）」を設定し、その日が来たら機械的にやめるのです。

こうすれば、ズルズル作業を引き延ばす生産性の低い働き方を改善することができます。

● ニーズが分かると8割の労力で終わる

教材作りや資料作成に時間が奪われているとしたら、相

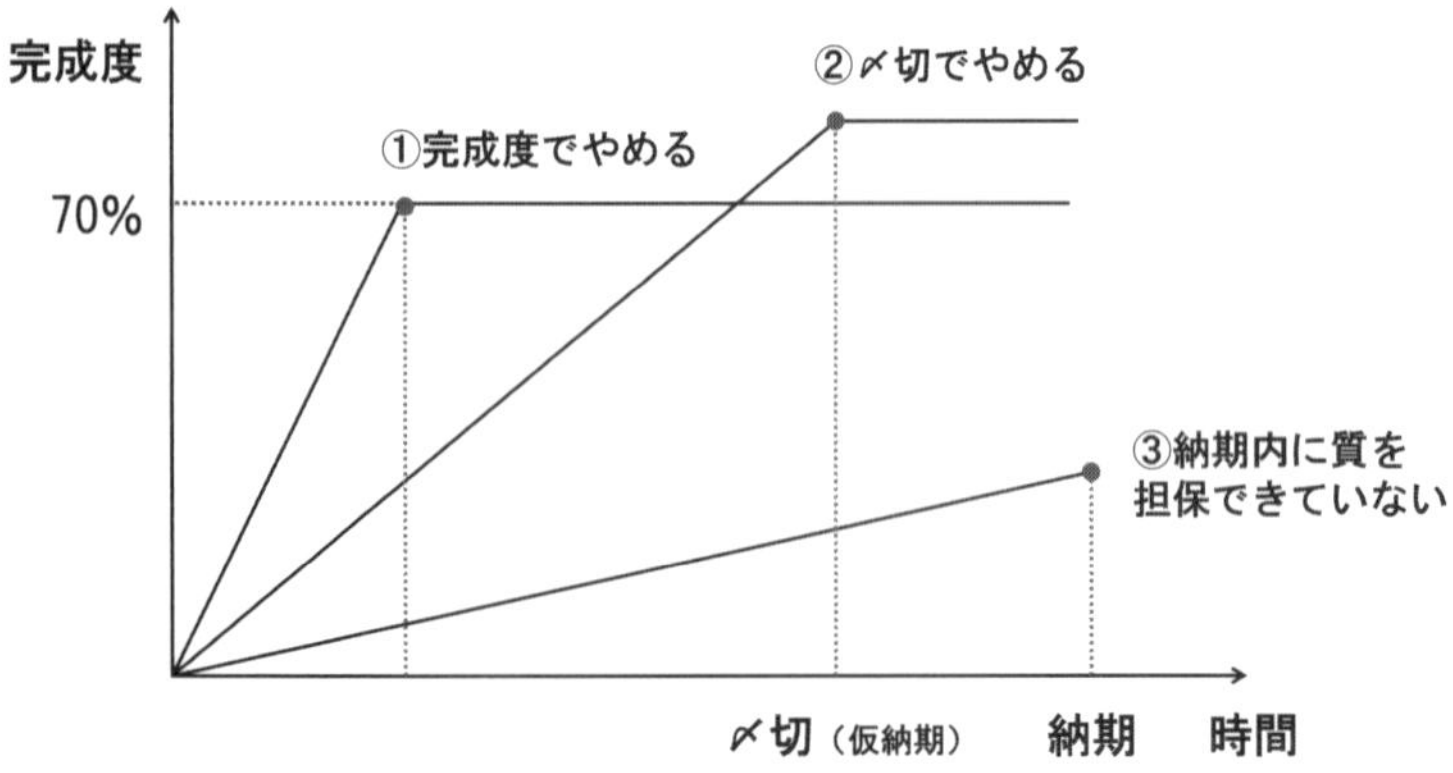

二段階の引き際

手目線になれていないことが原因かも知れません。逆説的ですが、相手目線に立つと作業時間が短くなるからです。

こう言うと、「相手のために時間をかけている」と反論されそうですが、では相手がそのクオリティを求めているか確認したことはあるでしょうか？

もし、仕事のクオリティとニーズや期待値にミスマッチがあるなら、質を高めるための時間を他の作業に充てた方が教育効果は高いはずです。

そのことを実感したのは、私の過去の経験にあります。以前の私は、授業準備に膨大な時間を費やしてパワポ教材を作っていました。公民の授業は、仕組みや概念を解説することがあるのですが、資料集の図表は詳しすぎるため、シンプルな図をわざわざ自作し、凝ったアニメーションまで付けていたのです。

その苦労をふと生徒に漏らしたところ、「そんなに大変なら資料集のコピーでいいから、その時間で練習問題の準備をして欲しい」と言われました。相手目線に立ったつもりが、本当の意味でのニーズを見落としていたのです。

ニーズが分かれば、ムダな作業（過剰品質）を省いて、真に相手の求めるものを提供できるようになります。８割の労力で満足度を高めることができるのです。

●早すぎる提出は生産性を下げる

実は、納期にも適切なタイミングがあり、「校内」の生産性の観点で言えば、提出は早ければよいというものではありません。

仮に、〆切が2週間後の書類を最速で仕上げて3日で提出しても、依頼主の準備ができていなければ、その書類は〆切まで日の目を見ることはないでしょう。それなら、急ぐために投下したリソース（時間）を他のタイムリーな仕事に回した方が生産性は高くなります。

また、提出が早いと、別の仕事を振られることもあります。依頼主からすれば、仕事が完了した（提出された）ことで、心理的に次の仕事を頼みやすくなるからです。

しかし、効率化のために努力した結果、かえって仕事が集中し、教材研究の時間を失うようでは、何のための効率化か分かりません。優秀な人材に雑務が集中し、学校経営にかかわる知的生産の時間が取れなくなったら、組織全体の生産性をも下げてしまいます。

校内業務の「納期」も、期待値を少しだけ上回ればいいのです。提出は〆切の2～3日前を心がけましょう（ただし、5分でできる簡単なタスクは即提出が基本です）。

成果の絶対値（質×量）で評価してはいけない

「生産性で測る」とは、成果の絶対値（質×量）で評価してはいけない、ということです。この原則は、自身の働き方だけでなく、他者を評価する際も基本的に同じです。

一般に、仕事の質が高く、多くの仕事をこなしている人物の評価は高くなります。しかし、成果を評価する際は、絶対値（質×量）だけで判断してはいけません。なぜなら、評価に「時間」の概念が含まれていないからです。

成果に時間的制約がなければ、「徹夜してでも良いものを作ればよい」という生産性を考慮しない「労働投入型」の働き方を肯定してしまいます。

また、育児や介護などで長時間労働できない人に対し、「評価されにくい職場」というメッセージを与えてしまう恐れもあります。

したがって、成果は時間で除して、「時間あたりの生産性（タイムパフォーマンス）」を踏まえて判断してこそフェアな評価なのです。

学校の評価制度は、健全な運営のために改善すべき点が多いと感じますが、まずは現場の認識として「よいものを早く」を共通の価値観とすべきではないでしょうか。

時には自分に負荷をかける

最後に、私のポリシーを一つお伝えさせてください。それは「自分に負荷をかけることも大事」ということです。

人は、負荷があってこそ成長できるものだからです。

長時間労働で休みもおぼつかない教員にとって、負荷を肯定するのは簡単なことではないと思います。しかし、スキルや能力は一朝一夕には習得できず、自身に負荷をかけることで少しずつ身に付いていくものです。

仕事の耐性も、困難な状況でどれだけチャレンジしたかに左右される、と個人的には思っています。もちろん、キャパシティを超える無理な働き方はいけません。

それでも長い目で見れば、スキルアップ（生産性向上）のための努力は、効率・効果の両面で確実にあなたの身を助けてくれます。

私自身、教員となって10年以上経った今も、授業の前は不安で一杯になります。けれど、仕事術への投資によって、教材研究の時間が増えたおかげで、苦手な授業を少しだけ楽しめるようになりました。

１００時間あった残業も、70時間以上削減し（部活の都合上残業ゼロは難しい）、仕事と家族、趣味のサッカーや読書を大切にする生活に変えることができました。

「忙しそうで相談できなかった」と打ち明けてくれたかつての生徒も、今なら気軽に相談してくれるのではないかと思っています。

本書には、民間時代から今日まで20年追求した仕事術のエッセンスを詰め込みました。

「月30時間の自由を生むための教科書」として、お役立て頂けたら幸いです。

あとがき

本書を手に取って下さった皆様、ここまでお付き合い頂きありがとうございました。

持ち帰り仕事や土日出勤が当たり前の教員にとって、読書の時間を確保することも簡単ではないと思います。貴重な時間を本書に「投資」して頂いたこと、心よりお礼申し上げます。

また、本書をお読み頂いた方の中には、学校や教員の働き方に関心をお持ちのビジネスパーソンや保護者の方々もおられると思います。

「教員は働き方の文句ばかりで変える努力をしない」とご批判を頂くことがあります。

私たち教職公務員は、仕組みや制度など働く環境が「法律≒民意」に規定されているため、働き方を変えるには、学校や教員が生産性を高める努力をしながらも、最終的には世論に理解を求めていかなければなりません。

今後もよき理解者として、持続可能な教育のため、学校や教員を叱咤激励して頂けますと幸いです。

本書は多くの先人の知恵と努力の上に成り立っています。

元来のインプット好きが高じて、参考とさせて頂いた書籍は、執筆以前も含めれば１００冊を超えます。

その意味で、読者の方々にとってはどこかで見聞きしたノウハウがあったかも知れません。しかし、それに自分なりの解釈を加えたり、あえて批判的に捉えて再構成したりして、学校で使える「再現性」の高いメソッドに鍛えたつもりです。

それこそがビジネスメソッドと学校文化の融合であり、ビジネス書の時短メソッドを教員用に最適化することでした。

本書メソッド「EduBiz work Method（EBM）」に共感頂いた方は、ぜひ巻末のダウンロード用QRコード（次々頁）から「教師の生産性を向上させる9大特典」をお受け取りください。そして、次はあなたの働き方を変える一歩を踏み出してみてください。

最後になりましたが、アメージング出版の千葉さんには、「本を読む暇もない（売りにくい）」と言われる教員向けの本を世に問う意義を信じ、丁寧な仕事で導いて頂きました。

本書テーマ「生産性」について、ASPICIO合同会社の内藤さんからは、富士フイルムやオリンパスでの製品開発のリアルな知見を頂き、横浜瀬谷高校の中島先生とは「学校の生産性」について熱い議論を交わしました。

法律事務所まんてんの岩崎弁護士からは、法的サポートだけでなく、好奇心を刺激する話題で授業や情報発信のヒントをいつも頂いています。

他業種に転職しても高め合うことのできる近ツリの同期、学校で数々の学びを与えてくださる先生方、いつも応援してくれる家族や友人。そして、本書メソッドの向上やデザインに協力してくださった方々。

皆様のご協力がなければ、本書が出版されることはありませんでした。関わってくださったすべての方に感謝申し上げます。

そして妻へ——手のかかる子どもたちを一手に引き受け、執筆の時間を捻出してくれたこと、本当に感謝しています。いつか子どもたちがこの本を読むことのできる年齢になった時のために、「母の功績」をここに記します。

そしてその頃には、「学校は働きやすい」と胸を張って言える未来が来るように、今できる精一杯を教育に還元したい。

本書が、学校で子どもと明日の教育のために力を尽くす忙しい先生方の働き方を、少しでも照らす力になれたのであれば、それに勝る喜びはありません。

すべては「教師の輝く未来」と「持続可能な教育」のために——

教師の生産性《タイムパフォーマンス》を向上させる9大特典

子どものため、家族のため、そして自分のために、
定時退勤を実現するための情報とツールを受け取ってください。

読者限定無料特典

本書に収録しきれなかったノウハウもメルマガにて配信中

特典ページのQRコードおよびURL
https://education-talk.com/present-for-readers

特典の配布は予告なく終了することがあります。予めご了承ください。
この特典企画は著者が実施するものです。特典企画に関するお問合せは
「info@education-talk.com」までお願いいたします。

主な参考図書

時短と成果が両立する仕事の「見える化」記録術	谷口 和信	明日香出版社
アマゾンのスピード仕事術	佐藤 将之	KADOKAWA
すごい効率化	金川 顕教	KADOKAWA
あなたの本当の力が目覚める 4 倍速仕事術	小坂 幸彦	産学社
仕事は「段取りとスケジュール」で 9 割決まる！	飯田 剛弘	明日香出版社
入社 1 年目の教科書	岩瀬 大輔	ダイヤモンド社
全面改訂版 はじめての GTD ストレスフリーの整理術	デビッド・アレン	二見書房
AI 分析でわかった トップ 5%社員の時間術	越川 慎司	ディスカヴァー21
99%の人がしていないたった 1%の仕事のコツ	河野英太郎	ディスカヴァー21
ＹＯＵＲ　ＴＩＭＥ　ユア・タイム	鈴木祐	河出書房新社
限りある時間の使い方	オリバー・バークマン	かんき出版
神・時間術	樺沢紫苑	大和書房
図解 トヨタがやらない仕事、やる仕事	野地 秩嘉	プレジデント社
「すぐやる人」と「やれない人」の習慣	塚本 亮	明日香出版社
「段取りが良い人」と「段取りが悪い人」の習慣	鈴木 真理子	明日香出版社
学び効率が最大化するインプット大全	樺沢紫苑	サンクチュアリ出版
学びを結果に変えるアウトプット大全	樺沢紫苑	サンクチュアリ出版
生産性	伊賀 泰代	ダイヤモンド社
コンサル一年目が学ぶこと	大石哲之	ディスカヴァー21
マッキンゼーで叩き込まれた 超速フレームワーク	大嶋 祥誉	三笠書房
仮説思考 BCG 流 問題発見・解決の発想法	内田 和成	東洋経済新報社
数値化の鬼	安藤 広大	ダイヤモンド社
最高の結果を出すＫＰＩマネジメント	中尾隆一郎	フォレスト出版
イシューからはじめよ	安宅和人	英治出版
付加価値のつくりかた	田尻望	かんき出版
ジョン・C・マクスウェル式 感情で人を動かす	豊福公平	きずな出版
Google 式 10X リモート仕事術	平塚 知真子	ダイヤモンド社
amazon のすごい会議	佐藤 将之	東洋経済新報社
すごい会議－短期間で会社が劇的に変わる!	大橋禅太郎	大和書房
あなたの 1 日を 3 時間増やす「超整理術」	高嶋 美里	KADOKAWA
残業ゼロのビジネス整理術	芳垣 玲子	税務経理協会
データから考える教師の働き方入門	辻 和洋 町支 大祐	毎日新聞出版
教師の働き方を変える時短	江澤 隆輔	東洋館出版社
教師の最速仕事術大全	三好 真史	東洋館出版社

古賀 禄太郎

学校働き方改革アドバイザー／県立高校教諭

民間企業で培った「時間術×生産性向上」のメソッドを、学校現場に最適化した独自の「EduBiz work Method（EBM）」で、教員の働き方改革をサポートする高校教員。

大学卒業後、大手（一部上場）旅行代理店へ入社し、営業企画を担当。添乗中、将来に希望を持てない高校生との出会いにより教職を志す。

教員免許は通信制大学にて取得。高校時代の黒歴史が仇となり、母校に教育実習を断られた経験を持つ。その後、神奈川から母校（福岡）まで面談に趣き了承を得る。

「仕事を断らない」を信条に、教員 1 年目からハードワークを重ねた結果、過労死ラインの働き方がデフォルトとなり仕事術に目覚める。

授業が苦手という課題を、仕事術で生み出した時間を教材研究に投下することで克服。新聞などの取材や他県からの授業の視察も多い。

現在は「学校働き方改革アドバイザー小太郎」の PN で、「教師の輝く未来の創造」のために情報を発信し続けている。

趣味はサッカー。W 杯観戦のため、高校を休んで単身フランスへ行くほどのサッカー好き。教員、ビジネスパーソン、起業家、コンサル、士業、芸人など交友関係も広く、多方面から情報をアップデートしている。


神奈川県教育長賞受賞（2021 年度）／教育課程推進委員（公民科）

・ブログ「教育の処方箋」 https://education-talk.com/
・X https://twitter.com/kotaro_0329
・Instagram　https://www.instagram.com/kotarou_0329/
・E-mail　info@education-talk.com

月30時間の自由を生み出す仕事術
教員の「生産性」(タイムパフォーマンス)向上の教科書
学校でも会社でも教えてくれない働き方のキホン

2025年　1月　28日　　初版発行

著者　　　古賀 禄太郎
装丁　　　須永 彩乃、水越 健介、山岸 あみ、依田 和花
校正協力　森 こと美
発行者　　千葉 慎也
発行所　　合同会社 AmazingAdventure
　（東京本社）　東京都中央区日本橋3－2－14
　　　　　　　　　新槇町ビル別館第一 2階
　（発行所）　　三重県四日市市あかつき台1－2－208
　　　　　　　　電話　050－3575－2199
　　　　　　　　E-mail　info@amazing-adventure.net

発売元　星雲社（共同出版社・流通責任出版社）
　　　　　　　　〒112-0005 東京都文京区水道1-3-30
　　　　　　　　電話　03-3868-3275

印刷・製本　シナノ書籍印刷

ISBN978-4-434-34928-7　　C0037